LEÇONS
DE CHRONOLOGIE
ET D'HISTOIRE

HISTOIRE SAINTE

Tout contrefacteur ou débitant de contrefaçons de cet ouvrage sera poursuivi suivant la rigueur des lois.

Les exemplaires seront revêtus de la signature de l'Éditeur-propriétaire.

Veuve Jules Renouard.

CORBEIL, typ. et stér. de CRÉTÉ.

LEÇONS
DE CHRONOLOGIE
ET D'HISTOIRE

DE L'ABBÉ GAULTIER

entièrement refondues et considérablement augmentées

PAR

DE BLIGNIÈRES, DEMOYENCOURT, DUCROS (de Sixt)
et LE CLERC aîné, ses élèves

TOME I
HISTOIRE SAINTE

PARIS
Vᵉ JULES RENOUARD, LIBRAIRE
6, RUE DE TOURNON, 6
1868

COURS D'ÉTUDES ÉLÉMENTAIRES

DE L'ABBÉ GAULTIER

Revu et augmenté par ses élèves.

SECTION D'HISTOIRE

1er vol. — Histoire sainte, depuis la création du monde jusqu'à J.-C., et Histoire ecclésiastique jusqu'à la conversion de Clovis, en 496.

IIe vol. — Histoire ancienne, depuis les temps les plus reculés jusqu'à la domination romaine.

IIIe vol. — Histoire romaine, depuis la fondation de Rome jusqu'au partage de l'empire romain.

IVe vol. — Histoire du moyen age, depuis le partage de l'empire romain jusqu'à nos jours.

Ve vol. — Histoire moderne, 1re partie, de 1453 à 1648.

VIe vol. — Histoire moderne, 2e partie, de 1648 à 1867.

VIIe vol. — Histoire de France jusqu'à nos jours.

Chacun de ces 7 volumes in-18, cartonné.   1 fr. 50 c.

Éléments d'Histoire de France. In-18, cart.   75 c.

Médaillons des Rois de France, en un étui. 2 fr. 50 c.

Étiquettes d'Histoire sainte, destinées à graver dans la mémoire des élèves les faits historiques, par MM. Le Clerc aîné et Le Clerc jeune, élèves de l'abbé Gaultier; cartonnées dans un étui.   3 fr.

Étiquettes d'Histoire ancienne, par les mêmes, cartonnées dans un étui.   3 fr.

Tableaux d'Histoire universelle, par MM. Le Clerc aîné et Le Clerc jeune, élèves de l'abbé Gaultier. — *Histoire ancienne.* — Atlas de 8 tableaux in-fol. coloriés. 7 fr. 50 c.

Leçons de Géographie ancienne, du Moyen Age et des Temps modernes, pour servir à l'étude de l'Histoire, par M. Ducros (de Sixt), élève de l'abbé Gaultier. 4e édition. 1 vol. in-18, cart.   1 fr. 50 c.

AVANT-PROPOS

Lorsque nous avons entrepris de revoir les *Leçons d'histoire* composées par l'abbé Gaultier, nous avons moins voulu corriger son ouvrage que remplir quelques lacunes qu'il y avait laissées. Nous pensons, comme il le disait lui-même, que tout traité élémentaire doit être simple et cependant complet. C'est pour cette raison que nous avons, dans beaucoup d'endroits, ajouté à la rédaction.

Nous avons donné quelques détails sur les mœurs et les cérémonies des Hébreux ; dans l'*Histoire ecclésiastique*, les grands événements qui l'ont caractérisée ont été traités autant que pouvait le permettre l'âge des enfants auxquels ce livre est destiné. Malgré ces additions, nous nous sommes efforcés de ne donner à nos élèves que les connaissances indispensables; nous avons écarté avec soin tout ce qui aurait pu, surtout en matière de croyance religieuse, être au-dessus de leur intelligence, ou laisser quelque doute dans leur esprit.

La rédaction par demandes et par réponses est celle que préférait l'abbé Gaultier, et elle caractérise tous ses ouvrages : nous avons dû l'adopter, persuadés comme lui qu'elle est la plus convenable pour le jeune âge et la plus facile pour les parents et les instituteurs ; elle n'empêche pas d'ailleurs les maîtres habiles de faire toutes les questions qu'ils jugeront convenables pour l'instruction de leurs élèves. Cependant, convaincus aussi que les enfants n'apprennent pas toujours ce qui se trouve dans la question, nous avons cherché à rédiger l'ouvrage de manière à mettre dans la réponse tout ce qu'il faut confier à leur mémoire ; les questions ne sont plus qu'un moyen de les mettre sur la voie, de couper la longueur des récits et de rendre plus facile la tâche des élèves. Ce genre de rédaction occasionne bien quelques répétitions indispensables, qu'on nous pardonnera sans doute en faveur du motif.

A la suite des notions préliminaires, nous avons placé une chronologie abrégée de l'histoire sainte ; nous avons cru qu'il ne serait pas inutile aux élèves de pouvoir facilement se rendre compte du temps où se sont passés les faits, et de saisir, dans un cadre raccourci, l'ensemble des événements qu'ils doivent étudier. Cette chronologie pourra de même être utile aux parents ou aux instituteurs, soit comme guide dans les détails qu'ils voudront donner aux élèves, soit comme argument qu'ils donneront à développer. Nous avons suivi la chronologie qui aujourd'hui est la plus généralement enseignée. Elle s'accorde d'ailleurs avec celle des savants bénédictins (1).

(1) Voir, pour l'ensemble des faits, les Tableaux chronologiques et synchroniques d'Histoire universelle, par MM. Le Clerc aîné et Le Clerc jeune.

Les vers techniques, plus faciles à retenir que la prose, peuvent aider les enfants à classer dans leur mémoire la suite des événements.

Les vers du P. Buffier, que l'abbé Gaultier avait employés, ont été remplacés par d'autres qui s'appliquent mieux à la nouvelle rédaction et que nous devons à l'obligeance d'un pieux et savant ecclésiastique ; ces vers sont destinés à aider la mémoire des enfants, et l'expérience nous a montré tout le secours qu'on pouvait tirer de cette espèce de mnémonique.

On a objecté à cette méthode quelques vers durs et de mauvais style : « Mais, disait l'abbé
« Gaultier, la Grammaire latine et les Racines
« grecques de Port-Royal n'en contiennent-
« elles pas de plus durs, que cependant les
« auteurs illustres du siècle de Louis XIV ont
« appris par cœur, et surtout Racine, dont la
« poésie harmonieuse n'a point été égalée par
« tous ceux qu'a tant choqués la barbarie des

« vers techniques ? Compte-t-on d'ailleurs
« pour rien l'avantage qu'ils procurent de
« graver en même temps, et d'une manière
« ineffaçable, dans la mémoire des enfants,
« un grand nombre d'événements que beau-
« coup d'auteurs seraient bien aises de se rap-
« peler à propos ? »

Ce petit ouvrage est terminé par deux tables alphabétiques des noms propres et des
noms de villes, l'une destinée à faire repasser
l'histoire par les noms propres, l'autre par
les noms géographiques. A l'aide de numéros
placés à côté de chaque nom d'homme ou de
ville, les parents ou les instituteurs peuvent
trouver sur-le-champ les questions du livre où
l'on parle des personnages ou du lieu indiqué,
et faire ensuite aux élèves toutes les demandes
qu'ils jugeront convenables (1).

C'est ainsi que, fidèles aux principes qu'a-

---

(1) Nous recommandons surtout aux parents et aux
maîtres le jeu des étiquettes de l'Histoire sainte, dont le
but est de faire repasser sans cesse aux enfants ce qu'ils
ont appris.

vait adoptés l'abbé Gaultier, nous nous efforçons de maintenir tous les moyens qu'il avait employés pour faciliter les progrès des enfants : heureux si nous pouvons par là nous montrer toujours des disciples fidèles à ses traditions.

La petite carte de PALESTINE, que nous donnons, page XLII, ne pouvant suffire pour l'étude complète de la géographie de l'histoire sainte, nous renvoyons, pour plus de détails, à l'*Atlas pour servir aux Leçons de Géographie ancienne*, par M. J. P. DUCROS (DE SIXT), élève de l'abbé Gaultier; in-fol. color. Paris, veuve Jules Renouard.

NOTIONS PRÉLIMINAIRES

Chronologie. Division des Temps. Formes de gouvernement.

Qu'est-ce que l'histoire ? L'histoire est la science qui nous apprend ce qui s'est passé de remarquable dans l'univers depuis la création.

L'histoire est appelée histoire *sacrée*, quand elle a pour objet la religion, et particulièrement celle des Hébreux.

L'histoire est appelée *ecclésiastique*, lorsqu'elle traite de ce qui a rapport à la religion chrétienne.

L'histoire *profane* est le récit des faits attribués aux peuples anciens qui avaient abandonné la connaissance du vrai Dieu pour se livrer au culte des idoles.

Quelles sont les connaissances nécessaires pour bien étudier l'histoire ? Les connaissances nécessaires à l'intelligence de l'histoire sont la *Chronologie*, qui nous apprend dans quels temps se sont passés les faits mémorables, et la *Géographie*, qui nous indique dans quels lieux ces faits sont arrivés.

Comment s'appelle un temps marqué par un fait mémorable ? Un temps marqué par un fait mémorable s'appelle une *époque*, et quelquefois une *ère*, lorsqu'il s'agit de la fondation d'un empire ou d'un nouvel ordre de choses dans un grand État.

En combien de parties divise-t-on le temps qui s'est écoulé depuis les premiers événements connus jusqu'à nous ? Le temps qui s'est écoulé depuis les premiers faits connus jusqu'à nous se divise en deux grandes parties : l'une, du temps avant J. C., et qu'on est convenu d'appeler *Chronologie ancienne;* l'autre, du temps après J. C., et qu'on nomme *Chronologie des faits modernes* (1).

Combien d'années contient chacune de ces chronologies ? L'ancienne chronologie contient environ 4963 ans ; la nouvelle contient aujourd'hui 1868 ans ; l'année prochaine, elle contiendra un an de plus, et ainsi de suite jusqu'à la fin du monde.

De quelle manière compte-t-on les années pour la chronologie ancienne ? Dans la chronologie ancienne, on peut compter les années

(1) On peut encore diviser l'histoire en trois parties : 1° l'Histoire ancienne, qui finit à la destruction de l'empire romain, en l'an 395 après Jésus-Christ ; 2° l'Histoire du moyen âge, qui finit à la prise de Constantinople, en 1453 ; 3° l'Histoire moderne, depuis la prise de Constantinople jusqu'à nos jours.

de deux manières : la première, en commençant depuis la création du monde et en continuant jusqu'à J. C. ; ainsi, l'on dit : l'an 1 du monde, l'an 2, l'an 3, etc. ; la seconde, en prenant la naissance de J. C. pour point de départ et en remontant jusqu'à la création du monde ; ainsi, l'on dit : l'an 1 avant J. C., et cette année correspond à l'an du monde 4963 ; l'an 2 avant J. C., et celle-ci correspond à l'an du monde 4962. Cette dernière manière est celle que nous avons adoptée dans nos leçons.

Lorsqu'on sait en quelle année avant J. C. est arrivé un fait remarquable, comment pourra-t-on connaître à quelle année du monde répond cette époque ? Il suffit, pour connaître à quelle année du monde répond telle année avant J. C., de retrancher simplement la date de l'année avant J. C. du nombre 4963, qui indique la venue du Sauveur, et le résultat de cette soustraction donne la date cherchée. Exemple : Le déluge a eu lieu 3308 ans avant J. C. ; on voudrait savoir à quelle année du monde cette date correspond. On retranchera 3308 de 4963, et l'on aura pour résultat 1655, qui est la date de l'année du monde.

Lorsqu'on sait en quelle année du monde est arrivé un fait remarquable, comment pourra-t-on connaître à quelle année avant

J. C. répond cette époque? Pour connaître à quelle année avant J. C. correspond telle année du monde, on fera la même opération, c'est-à-dire qu'on retranchera l'année du monde de 4963, et le résultat de l'opération sera la date demandée. Exemple : Le déluge a eu lieu l'an 1655 du monde ; on veut savoir à quelle année avant J. C. cette date correspond. On retranchera 1655 de 4963, et l'on aura pour résultat 3308, qui est la date de l'année avant J. C.

Les anciens n'avaient-ils pas encore d'autres manières de compter leurs années? Chez les Grecs, on comptait par olympiades, c'est-à-dire depuis le rétablissement des jeux Olympiques, qui correspond à l'an 776 avant J. C. (Voyez *Leçons de Chronologie ancienne.*)

Et chez les Latins, on comptait les années à partir de la fondation de Rome, 753 avant J. C. (Voyez *mêmes Leçons*, Notions préliminaires.)

Comment diviserons-nous l'histoire sainte? On divise l'histoire sainte en six parties principales que nous appellerons *les six premiers âges du monde*, savoir :

1° *Le temps des patriarches qui ont vécu avant le déluge*, c'est-à-dire depuis la première année du monde jusqu'en l'an 3308 avant J. C., espace de seize siècles et demi ;

2° *Le temps des patriarches après le dé-*

luge, c'est-à-dire les dix siècles environ qui se sont écoulés depuis le déluge jusqu'à la vocation d'Abraham, 2296 ans avant J. C. ;

3° *Le temps des patriarches à qui les promesses furent faites,* c'est-à-dire depuis la vocation d'Abraham jusqu'à la mort de Moïse, 1605 ans avant J. C., époque à laquelle commence le gouvernement des juges ; environ sept siècles ;

4° *Le temps du gouvernement des juges,* c'est-à-dire depuis la mort de Moïse jusqu'au gouvernement des rois, 1080 avant J. C. ; environ cinq siècles et demi ;

5° *Le temps du gouvernement des rois jusqu'à la fin de la captivité des Juifs à Babylone,* 536 ans avant J. C. ; cinq siècles et demi ;

6° *Le temps qui s'est écoulé depuis la fin de la captivité de Babylone jusqu'à la naissance de J. C. ;* l'an du monde 4963 ; environ cinq siècles et demi.

Que comprendra l'histoire ecclésiastique ? L'histoire ecclésiastique comprendra les quatre siècles et demi qui se sont écoulés depuis la naissance de J. C. jusqu'à la conversion de Clovis.

Quelles sont les différentes formes de gouvernement ? Dieu créa l'homme pour vivre en famille et en société avec ses semblables.

Dans le principe, les familles furent gouvernées par le *père* qui en était le chef naturel.

Lorsque les *familles* se multiplièrent, elles formèrent les *peuples* ou *nations*.

La nécessité de régler les intérêts de ces peuples fit créer les *gouvernements*, les *lois* et les *souverains*.

Les principales formes de gouvernement établies furent :

1° Le *Patriarcat* ou le gouvernement des *patriarches* (chef de famille) ;

2° La *Théocratie* ou gouvernement des *ministres de Dieu* ;

3° La *Monarchie* ou gouvernement d'un *monarque* (seul souverain) ;

4° La *Démocratie* ou *souveraineté du peuple* ;

5° L'*Aristocratie* ou gouvernement d'un *corps tiré des personnages les plus considérables* ;

6° L'*Oligarchie* ou gouvernement d'un *petit nombre d'individus* ;

7° Le *Fédéralisme* ou *réunion de plusieurs Etats* obéissant à une assemblée désignée par eux.

L'*Anarchie* est l'état d'un pays où *les lois n'exercent plus aucun empire*.

CHRONOLOGIE

ET SOMMAIRES EN VERS TECHNIQUES

DE

L'HISTOIRE SAINTE ANCIENNE

ET DE

L'HISTOIRE ECCLÉSIASTIQUE

CHRONOLOGIE

DE

L'HISTOIRE SAINTE ANCIENNE

ET DE

L'HISTOIRE ECCLÉSIASTIQUE

PREMIÈRE PARTIE

Histoire sainte ancienne depuis la création du monde jusqu'à la naissance de J. C.

(*Espace de 49 siècles et demi* [4963 *ans*].)

PREMIER AGE

PATRIARCHES AVANT LE DÉLUGE.

Depuis la création du monde, 4963 ans avant J. C., jusqu'au déluge, 3308 ans avant J. C.

(*Espace de* 1655 *ans.*)

4963. Création du monde. Adam.
4962. Naissance de Caïn.
4961. Naissance d'Abel.
4833. Meurtre d'Abel. Fondation de la première ville du monde.
— — Naissance de Seth.
3978. Énoch enlevé au ciel.
3908. Naissance de Noé.
3308. Mort de Mathusalem.
— — Déluge.

SOMMAIRES EN VERS TECHNIQUES

DE

L'HISTOIRE SAINTE ANCIENNE

ET DE

L'HISTOIRE ECCLÉSIASTIQUE

PREMIÈRE PARTIE

Histoire sainte ancienne depuis la création du monde jusqu'à la naissance de Jésus-Christ.

(Espace de 49 siècles et demi [4963 ans].)

PREMIER AGE DU MONDE

Depuis la création du monde, 4963 ans avant J. C., jusqu'au déluge, 3308 avant J. C.

(Espace de 1655 ans.)

Dieu parle, il a créé : le monde est son ouvrage
L'homme au sixième jour est fait à son image.
Adam désobéit, par le démon tenté ;
Il perd avec l'Éden son immortalité.
Caïn immole Abel à son aveugle rage,
Et des vertus d'Abel Seth obtient l'héritage.
La ville Énochia doit naissance à Caïn ;
Les arts ont pour auteurs Jubal, Tubalcaïn.
Le ciel, ami d'Énoch, à la terre l'envie.
Mathusalem jouit de la plus longue vie.
Dieu détruit sous les eaux la race des méchants,
Et conserve Noé seul avec ses enfants.

DEUXIÈME AGE

PATRIARCHES APRÈS LE DÉLUGE

Depuis le déluge, 3308 ans avant J. C., jusqu'à la vocation d'Abraham, 2296 ans avant J. C.

(Espace de 1012 ans.)

2958. Mort de Noé.
2907. Dispersion des enfants de Noé. Construction de la tour de Babel.

TROISIÈME AGE

SUITE DES PATRIARCHES

Depuis la vocation d'Abraham, 2296 ans avant J. C., jusqu'à la mort de Moïse, 1605 ans avant J. C.

(Espace de 691 ans.)

2296. Vocation d'Abraham.
2266. Naissance d'Isaac.
2191. Mort d'Abraham. Isaac héritier de ses troupeaux.
2206. Naissance d'Ésaü et de Jacob.
2097. Joseph vendu par ses frères.
2076. Jacob s'établit dans la terre de Gessen en Égypte.
1725. Naissance de Moïse.
1645. Sortie d'Égypte. Les Israélites dans le désert.
1605. Mort de Moïse. Josué lui succède dans la conduite des Hébreux.

DEUXIÈME AGE DU MONDE

Depuis le déluge, 3308 ans avant J. C., jusqu'à la vocation d'Abraham, 2296 ans avant J. C.

(*Espace de 1012 ans.*)

Noé plante la vigne et reçoit un outrage;
Plus tard, entre ses fils la terre se partage :
L'Europe est à Japhet, à Sem l'Asie échoit,
Et la race de Cham en Afrique s'accroît.

TROISIÈME AGE DU MONDE

Depuis la vocation d'Abraham, 2296 ans avant J. C., jusqu'à la mort de Moïse, 1605 ans avant J. C.

(*Espace de 691 ans.*)

Parmi les nations s'étend l'idolâtrie.
Abraham, fils de Sem, près Mambré s'expatrie.
Voulant récompenser sa foi, sa piété,
Dieu promet le Messie à sa postérité ;
Il lui donne Isaac pour fils dans sa vieillesse.
A son frère, Ésaü cède son droit d'aînesse.
Tous les fils de Jacob sont chefs d'une tribu.
Par ses frères jaloux indignement vendu,
Joseph de Pharaon partage la puissance,
Et ses soins à l'Égypte assurent l'abondance.
Quatre cents ans passés sous un joug oppresseur,
Moïse de son peuple est le libérateur.
Il meurt avant d'entrer dans la terre promise.

1605. — 1092.

QUATRIÈME AGE

GOUVERNEMENT DES JUGES

Depuis la mort de Moïse, 1605 ans avant J. C., jusqu'aux rois des Juifs, 1080 ans avant J. C.

(*Espace de 525 ans.*)

1605. Josué passe le Jourdain; prise de Jéricho. Partage de la terre promise.
1562. 1re servitude des Israélites, opprimés par Chusan.
1554. Othoniel délivre les Israélites.
1514. 2e servitude des Israélites; ils sont opprimés par les Moabites.
1496. Aod délivre les Israélites.
1416. 3e servitude des Israélites; ils sont opprimés par Jabin, roi de Chanaan.
1396. Débora, aidé de Barac, délivre les Israélites.
1356. 4e servitude des Israélites; ils sont opprimés par les Madianites.
1349. Gédéon délivre les Israélites.
1309. Abimélec, fils de Gédéon, usurpe l'autorité et gouverne tyranniquement.
1306. Tolah succède à Abimélec.
1283. Jaïr succède à Tolah.
1261. 5e servitude des Israélites; ils sont opprimés par les Philistins et les Ammonites.
1243. Jephté délivre les Israélites. Vœu de Jephté.
1212. 6e servitude des Israélites; ils sont opprimés par les Philistins et les Ammonites.
1172. Samson délivre les Israélites.
1152. Pontificat d'Héli.
1112. Mort d'Héli. Samuel lui succède dans le pontificat.
1092. Samuel délivre de nouveau les Israélites des Philistins.

QUATRIÈME AGE DU MONDE

Depuis la mort de Moïse, 1605 ans avant J. C., jusqu'aux rois des Juifs, 1080 ans avant J. C.

(Espace de 525 ans.)

Enfin par Josué cette terre est conquise.
Ce guerrier triomphant, avec l'aide du ciel,
Divise Chanaan aux tribus d'Israël.
Othoniel sauva son peuple d'esclavage,
Et, comme Aod, Barac sut venger son outrage.
La sage Débora jugeait en Israël,
Quand Sizara périt sous les coups de Jahel.
Délivré de Jabin, le peuple Israélite
Subit le joug honteux du fier Madianite.
Gédéon, sans combattre, a vaincu Madian.
L'horrible Abimélec se baigne dans le sang.
Jephté, vainqueur d'Ammon, a cessé d'être père.
Aux Philistins Samson fait sentir sa colère.
Pour ses coupables fils père trop indulgent,
De sa faiblesse Héli porte le châtiment.
Samuel de ses fils voit la coupable audace.
Des juges désormais les rois prennent la place.
Ruth avec Noémi revient à Bethléem,
Et sa postérité règne à Jérusalem.

CINQUIÈME AGE

GOUVERNEMENT DES ROIS

Depuis les rois des Juifs, 1080 ans avant J. C., jusqu'à la fin de la captivité des Juifs à Babylone, 536 avant J. C.

(Espace de 544 ans.)

1080. Saül est sacré, par Samuel, premier roi des Juifs.
1062. Il continue la guerre contre les Philistins.
1048. David est sacré roi par Samuel, mais ne succède pas encore à Saül.
— — Il tue Goliath.
1040. Mort de Saül à la bataille de Gelboé.
1033. David triomphe de ses ennemis et est reconnu roi par toutes les tribus.
1028. David ramène l'arche d'alliance à Jérusalem, après avoir vaincu les Philistins.
1010. Révolte et mort d'Absalon.
1001. Mort de David. Salomon son fils lui succède, et construit le temple de Jérusalem.
962. Roboam succède à son père Salomon.
— Schisme des dix tribus.

ROIS D'ISRAEL.	ROIS DE JUDA.
962. Jéroboam I.	962. Roboam indispose le peuple par ses exactions. Il est vaincu par Sézac.
	946. Abia défait Jéroboam, roi d'Israël.
943. Nadab, fis de Jéroboam	944. Asa bat les Égyptiens.
942. Baasa.	
919. Éla.	
918. Zamri-Amri.	

CINQUIÈME AGE DU MONDE

Depuis les rois des Juifs, 1080 ans avant J. C.,
jusqu'à la fin de la captivité des Juifs
à Babylone, 536 ans avant J. C.

(Espace de 544 ans.)

Saül, choisi de Dieu pour porter la couronne,
Enfreint l'ordre du ciel, et le ciel l'abandonne.
Il voit tomber ses fils, et, pour trancher ses jours,
D'un bras amalécite, invoque le secours.
David règne avec gloire, et sa haute vaillance
Fait à ses ennemis redouter sa puissance.
Ses pleurs d'un double crime obtiennent le pardon ;
Il déplore la fin du rebelle Absalon.

Salomon eut du ciel tous les dons en partage ;
Ce grand roi fut longtemps des mortels le plus sage
Sous son règne la paix fleurit en Israël ;
Un temple fut bâti digne de l'Éternel ;
Mais des dieux étrangers, esclave en sa vieillesse,
Par de honteux écarts il ternit sa sagesse.
Roboam voit bientôt Israël maltraité.
Échapper pour toujours à son autorité.
Benjamin et Juda, c'est tout ce qui lui reste.
Avec Jéroboam naît un schisme funeste.

ROIS D'ISRAEL.

Dès lors en Israël on voit l'impiété
Assise sur le trône avec la cruauté.
Au malheureux Naboth Achab ôte la vie.

907. — 718.

ROIS D'ISRAEL.	ROIS DE JUDA.
907. ACHAB. Élie, Élisée, prophètes.	904. JOSAPHAT remporte plusieurs victoires sur les Ammonites et les Moabites; il fait instruire ses peuples.
888. OCHOSIAS.	
887. JORAM.	
	880. JORAM épouse Athalie, dresse des autels aux faux dieux; il est battu par les Philistins.
	877. OCHOSIAS.
876. JÉHU fait périr tous les descendants d'Achab.	876. ATHALIE fait mourir tous les princes de sa maison pour régner seule.
	870. JOAS règne d'abord avec justice, fait ensuite mourir Zacharie, puis est vaincu par Hazaël, roi de Syrie.
848. JOACHAS devient le tributaire des Syriens. JOAS.	
	831. AMASIAS vaincu par Joas, roi d'Israël.
817. JÉROBOAM II. Jonas, prophète.	803. AZARIAS remporte de nombreuses victoires, mais il est frappé de la lèpre.
767. ZACHARIE.	
767. SELLUM.	
766. MANAHEM, tributaire des Assyriens.	
754. PHACÉIAS.	
753. PHACÉE, battu par les Assyriens.	752. JOATHAM. Isaïe, prophète.
726. OSÉE fait mourir Phacée et est emmené captif par Salmanasar, roi d'Assyrie.	737. ACHAZ se livre aux idoles et est emmené captif à Damas.
718. Il voit la fin du royaume d'Israël, qui avait duré 244 ans.	723. ÉZÉCHIAS détruit l'idolâtrie, bat les Philistins et se voit miraculeusement délivré de l'armée des Assyriens.
— Tobie à Ninive.	

Baal est renversé par le prophète Élie.
Ochosias, Joram règnent en Israël ;
Les chiens viennent lécher le sang de Jésabel.
De la race d'Achab Jéhu purge la terre.
Joachas d'Hazaël devient le tributaire ;
Et la mort d'Élisée arrive sous Joas.
Ninive entend la voix du prophète Jonas.
Par le meurtre Sellum succède à Zacharie.
Manahem obéit à Phul, roi d'Assyrie.
L'ambitieux Phacée, immole Phacéias.
Salmanasar d'Osée envahit les États.
Tobie est à Ninive animé d'un saint zèle,
Des plus rares vertus il donne le modèle.

ROIS DE JUDA.

Roboam étant mort, son fils règne en Juda.
La couronne après lui passe au pieux Asa.
De la loi Josaphat observateur fidèle,
Pour instruire les Juifs déploya tout son zèle.
Joram se signala par sa perversité,
Mais ne fut pas méchant avec impunité.
Son fils Ochosias à Joram s'associe.
Un trait mortel l'atteint au retour de Syrie.
Athalie égorgea les fils d'Ochosias ;
A sa mort, sur Juda régna l'ingrat Joas.
Amazias est pris dans une guerre injuste.
Azarias usurpe un ministère auguste ;
De ce crime la lèpre est le prompt châtiment.
Le ciel fait prospérer le pieux Joathan.
Indigne d'un tel père, Achaz, monarque impie,
Ferme le temple saint, à Moloch sacrifie.
Son fils Ezéchias est un des plus saints rois :
Du Seigneur avec soin il fait garder les lois,
Et ne réclame point en vain son assistance ;
L'ange exterminateur s'arme pour sa défense,

ROYAUME DE JUDA SEUL.

694. MANASSÈS règne avec tyrannie, est emmené captif à Babylone par Assarhaddon, revient dans son royaume, détruit les idoles, mais il voit ses États envahis de nouveau par Nabuchodonosor. Courage de Judith.
640. AMON.
639. JOSIAS tué par Néchao, roi d'Égypte, dans la plaine de Mageddo. Jérémie commence à prophétiser.
608. JOACHAS emmené captif par Néchao.
608. JOACHIM emmené captif à Babylone par Nabuchodonosor II. Ire transmigration des Juifs à Babylone. Il recouvre sa liberté en 605, se révolte contre Nabuchodonosor, qui le fait mourir.
597. JÉCHONIAS emmené captif à Babylone. 2e transmigration des Juifs à Babylone.
597. SÉDÉCIAS emmené captif par Nabuchodonosor II. 3e transmigration des Juifs à Babylone.
587. Destruction du royaume de Juda après 375 ans de durée.

CAPTIVITÉ DE BABYLONE.

— Daniel à la cour de Nabuchodonosor, ainsi qu'Ananias, Misaël et Azarias.
562. Daniel dans la fosse aux lions.
538. Cyrus s'empare de Babylone.

Fond sur Sennachérib ; il attaque et détruit
Le camp assyrien en une seule nuit.
Le Seigneur à sa vie ajoute quinze années.
Ses traces par son fils furent abandonnées ;
Et l'on voit Manassès, idolâtre et cruel,
Sur sa tête attirer la vengeance du ciel.
Il languit dans les fers captif à Babylone,
Se repent et bientôt Dieu lui rend sa couronne.
Méchant comme son père et juste objet d'horreur,
Amon n'imite pas son retour au Seigneur.
Josias lui succède, et ce prince admirable
Pour la loi fait paraître un zèle incomparable.
Il périt, et Néchos, maître par son trépas,
Ne trouve plus d'obstacle et chasse Joachas.
Joachim et son fils, en une même année,
Subissent tous les deux la même destinée.
Sédécias est pris ; on lui crève les yeux ;
Il achève ses jours en un cachot affreux.
Les maux prophétisés par Amos, Isaïe,
Après un siècle et plus, sont vus par Jérémie.

CAPTIVITÉ DE BABYLONE.

Daniel, pendant le cours de la captivité,
Par sa sagesse acquiert de la célébrité ;
Il arrache à la mort l'innocente Suzanne,
Et lui-même à mourir deux fois on le condamne.
Devant lui les lions déposent leur fureur.
Il annonce le temps où viendra le Sauveur.

SIXIÈME AGE

RETOUR DE LA CAPTIVITÉ. GOUVERNEMENT DES PONTIFES.

Depuis la fin de la captivité de Babylone, 536 ans avant J. C., jusqu'à la naissance de J. C.

(*Espace de 536 ans.*)

536. Fin de la captivité des Juifs. Cyrus leur permet de retourner dans leur pays. Pontificat de Josué.
535. Les Juifs jettent les fondements d'un nouveau temple.
516. La construction du temple est achevée.
454. Néhémie reconstruit les murs de Jérusalem.
332. Alexandre à Jérusalem sous le pontificat de Jaddus.
320. Les Juifs sont soumis par Ptolémée Soter sous le pontificat d'Onias Ier.
308. Pontificat de Simon Ier.
275. Traduction de la Bible par les Septante sous le pontificat d'Éléazar.
233. Pontificat d'Onias II.
219. Formation des sectes des Pharisiens, des Saducéens et des Esséniens.
216. Les Juifs sont persécutés par Ptolémée Philopator sous le pontificat de Simon II.
203. Ils passent sous la domination d'Antiochus, roi de Syrie.
195. Pontificat d'Onias III.
175. Seleucus Philopator envoie son ministre Héliodore pour piller le temple de Jérusalem.
172. Jason achète le suffrage du roi Antiochus Épiphane et supplante son frère Onias III.
170. Ménélaüs supplante Jason, qui rentre bientôt après à Jérusalem.
168. Horrible persécution des Juifs par Antiochus. Mort d'Éléazar et des Machabées.

SIXIÈME AGE DU MONDE

Depuis la fin de la captivité de Babylone, 536 ans avant J. C., jusqu'à la naissance de J. C.

(Espace de 536 ans.)

Cyrus, au peuple hébreu se montrant favorable,
Rend vers l'an cinq cent trente, un édit mémorable :
Les Juifs dans leurs pays sont enfin ramenés,
Et par Zorobabel, par Esdras gouvernés.
Par ses soins assidus le sage Néhémie
Voit de Jérusalem l'enceinte rétablie.
Alexandre, en voyant Jaddus, perd son courroux :
Devant le Dieu des Juifs il fléchit les genoux.
Onias et Simon, quand Alexandre expire,
Des chefs ses successeurs reconnaissent l'empire.
De l'Écriture en grec une traduction
Est faite, et des Septante elle porte le nom.
Par les anges frappés d'une manière horrible,
Héliodore éprouve un châtiment terrible.
Jason supplante alors le troisième Onias ;
Mais il est à son tour chassé par Ménélas.
Jason rentre ; aussitôt le farouche Épiphane
Accourt, pille d'abord le temple qu'il profane,
Fait de Jérusalem un théâtre d'horreur ;
Quarante mille Juifs éprouvent sa fureur.
Le vieil Éléazar dans les tourments expire ;
Machabée et ses fils subissent le martyre.

GOUVERNEMENT DES MACHABÉES.

168. Pontificat de Matathias. Ce pontife commence l'affranchissement des Juifs.
166. Judas Machabée, son fils, remporte d'éclatantes victoires sur les rois de Syrie, et rend la liberté aux Juifs.
165. Il purifie le temple de Jérusalem.
161. Judas défait et tue, près de Samarie, Nicanor, général syrien.
— Mort de Judas Machabée. Son frère Jonathas lui succède.
144. Jonathas est assassiné à Ptolémaïs, par les ordres de Tryphon, gouverneur d'Antioche.
— Simon, son frère, lui succède. Il achève l'affranchissement de sa nation.
136. Simon est mis à mort par son gendre Ptolémée. Jean Hircan, son fils, lui succède.

GOUVERNEMENT MONARCHIQUE DES PRINCES ASMONÉENS.

107. Aristobule, fils de Jean Hircan Ier, prince asmonéen.
106. Janné, frère d'Aristobule. Il combat avec succès les Égyptiens et les Syriens.
79. Mort de Janné. Alexandra sa veuve lui succède.
70. Jean Hircan II succède à sa mère. Il est détrôné par son frère puîné Aristobule.
65. Jean Hircan est remis sur le trône par Pompée, général romain, et Antipater, seigneur iduméen.
— Aristobule et ses deux fils sont prisonniers à Rome.
— Antigone ravit le trône à Hircan.
40. Hérode, protégé par Antoine, obtient du sénat romain le royaume d'Idumée.
NAISSANCE DE JÉSUS-CHRIST.

GOUVERNEMENT DES MACHABÉES.

De son peuple opprimé généreux défenseur,
Le grand Matathias, plein d'une sainte ardeur,
Laisse, en mourant, ses fils heritiers de son zèle.
L'aîné, Judas, est chef de la troupe fidèle ;
Par des exploits sans nombre il signale son bras.
Au sein de la victoire il trouve le trépas.
Son frère Jonathas, le vainqueur de Bacchide,
Est trahi par Tryphon, meurt à Ptolémaïde.
Simon, son successeur, fait la guerre à Tryphon
Et Jean Hircan succède à son père Simon.

GOUVERNEMENT MONARCHIQUE DES PRINCES ASMONÉENS.

Aristobule roi, meurtrier de son frère,
Ne peut se pardonner cet acte sanguinaire :
Il se donne la mort. Janné, son successeur,
Sur son peuple opprimé règne par la terreur.
Hircan deux, par sa mère, arrive au rang suprême.
Il est par son puiné privé du diadème,
Qui bientôt sur son front par Pompée est remis.
Son frère et ses neveux à Rome sont punis.
Hircan est de nouveau chassé par Antigone.
Hérode, Iduméen, devient maître du trône,
Fait périr son rival, puis obtient des Romains
Que le sceptre conquis demeure dans ses mains.

Le Rédempteur promis, et qu'attendait la terre,
Paraît dans la Judée et commence une autre ère.

SECONDE PARTIE

Histoire ecclésiastique, ou faits religieux arrivés depuis la naissance de J. C. jusqu'au temps de la conversion de Clovis, l'an 496.

(Espace de 5 siècles.)

PREMIER SIÈCLE APRÈS JÉSUS-CHRIST.

Naissance de Jésus-Christ.
33. Mort de Jésus-Christ. Fondation de l'Église nouvelle par Pierre, chef des apôtres.
— Mort de saint Étienne, premier martyr. — Conversion de saint Paul.
— Établissement de l'Église de Jérusalem par saint Jacques le Mineur, et de l'Église d'Antioche par saint Pierre.
34. Hérésie de Simon le Magicien.
40. Saint Matthieu écrit son Évangile.
43. Saint Marc écrit son Évangile.
— Mort de saint Jacques le Mineur, premier apôtre martyr.
44. Saint Pierre vient s'établir à Rome.
— Saint Marc fonde l'Église d'Alexandrie.
47. Saint Luc écrit son Évangile.
50. Saint Pierre et saint Paul écrivent la plupart de leurs Épîtres.
— Saint Paul prêche le christianisme à Athènes.
59. Saint Luc écrit les Actes des apôtres.
— Martyre de saint André en Grèce.
— Martyre de saint Thomas aux Indes.
— Martyre de saint Simon et de saint Jude en Perse.
64. Première persécution contre les chrétiens, ordonnée par Néron.

SECONDE PARTIE

Histoire ecclésiastique, ou faits religieux arrivés depuis la naissance de J. C. jusqu'au temps de la conversion de Clovis, l'an 496.

(Espace de 5 siècles.)

PREMIER SIÈCLE APRÈS JÉSUS-CHRIST.

Jésus-Christ sur saint Pierre établit son Église ;
L'Évangile succède à la loi de Moïse.
Saint Pierre est le premier des pontifes romains.
Néron à sa fureur immole les chrétiens.
A saint Pierre, à saint Paul la vie est arrachée ;
L'un périt sur la croix, et l'autre par l'épée.
Saint Lin remplace Pierre immédiatement,
Et siégent après lui saint Clet et saint Clément.
La persécution renaît plus violente,
Mais de Domitien la rage est impuissante ;
La religion croit sous le fer des tyrans.
Saint Jean meurt dans Éphèse à l'âge de cent ans.

66. Martyre de saint Pierre et de saint Paul.
— Saint Lin, pape, succède à saint Pierre.
70. Destruction de Jérusalem par Titus.
78. Saint Anaclet, pape, succède à saint Lin.
91. Saint Clément, pape, succède à saint Anaclet.
95. Deuxième persécution contre les chrétiens, excitée par Domitien.
— Saint Jean est relégué dans l'ile de Pathmos.
104. Saint Évariste, pape.

DEUXIÈME SIÈCLE APRÈS JÉSUS-CHRIST.

100. Troisième persécution des chrétiens, ordonnée par Trajan.
109. Saint Alexandre, pape.
119. Sixte Ier, pape.
127. Télesphore, pape.
130. Traduction de la Bible en grec, par Aquila de Sinope.
139. Hygin, pape.
142. Pie Ier.
150. Apologie de saint Justin.
157. Saint Anicet, pape.
166. Quatrième persécution, ordonnée par Marc-Aurèle.
168. Soter, pape.
174. Marc-Aurèle fait cesser la quatrième persécution.
177. Éleuthère, pape. Le christianisme se répand dans la Grande-Bretagne.
193. Victor pape.

TROISIÈME SIÈCLE APRÈS JÉSUS-CHRIST.

102. Cinquième persécution contre les chrétiens, ordonnée par Sévère. — Martyre de saint Irénée, du pape

DEUXIÈME SIÈCLE APRÈS JÉSUS-CHRIST.

L'Église admet le chant dans ses cérémonies.
Justin, sous Antonin, fait deux Apologies.
Polycarpe et Gervais sont martyrs vers le temps
Où le soldat chrétien dompte les Marcomans ;
Le flambeau de la foi, sous le pape Eleuthère,
Répand sur les Bretons sa divine lumière.
Pâques à divers jours se célébrait encor ;
Mais ce jour au dimanche est fixé par Victor.

TROISIÈME SIÈCLE APRÈS JÉSUS-CHRIST.

Pour la cinquième fois, sous l'empereur Sévère,
Vers deux cent, aux chrétiens on suscite la guerre.

saint Victor et de Léonidas, père d'Origène,
— Tertullien.
237. Sixième persécution contre les chrétiens, ordonnée par Maximin. — Anthère, puis ensuite Fabien, papes.
249. Saint Cyprien, évêque de Carthage.
250. Septième persécution contre les chrétiens, ordonnée par Decius. — Corneille, pape.
251. Paul l'Ermite au désert.
— Hérésie de Novatien, prêtre de Rome.
257. Huitième persécution contre les chrétiens, ordonnée par Valérien. — Sixte II, pape.
— Martyre de saint Cyprien.
275. Neuvième persécution contre les chrétiens, ordonnée par Aurélien. — Eutychien, pape.
277. Hérésie de Manès, chef des Manichéens.
286. Martyre de saint Maurice et de la Légion thébaine

QUATRIÈME SIÈCLE APRÈS JÉSUS-CHRIST.

303. Dixième persécution contre les chrétiens, ordonnée par Galère et Dioclétien. — Marcellin, pape.
312. Conversion de Constantin.
— Hérésie d'Arius.
325. Concile de Nicée, *premier concile œcuménique* (contre les ariens). — Silvestre 1ᵉʳ, pape.
— Construction de l'église du Saint-Sépulcre.
347. Concile de Sardique.
356. Mort de saint Antoine, fondateur des ordres monastiques en Orient.
381. *Second concile œcuménique* de Constantinople (contre les macédoniens). — Damase, pape.
— Saint Grégoire de Nazianze, saint Basile, saint Jérôme, saint Ambroise.
— Traduction de la Bible par saint Jérôme.

Ulpien, ennemi du Christ et de ses lois,
De ses sophismes vains s'arme contre la croix.
Origène paraît : de son brillant génie
Par ses nombreux écarts la gloire est obscurcie.
Sans rompre l'unité, le grand saint Cyprien
Est d'un avis contraire au pontife romain.
Maximin fait au Christ une guerre nouvelle ;
Celle que lui fait Dèce est encor plus cruelle ;
Et pour vivre au désert Paul se retire alors.
Valérien contre Dieu redoublant ses efforts,
Cyprien, Laurent, Sixte et le jeune Cyrille,
Pleins d'une sainte ardeur, meurent pour l'Évangile.

QUATRIÈME SIÈCLE APRÈS JÉSUS-CHRIST.

Pour la dixième fois, après Aurélien,
Le sang chrétien coula sous Dioclétien.
Constantin converti protége enfin l'Église ;
L'hérétique Arius la trouble et la divise.
Athanase le Grand se vit persécuté ;
Le désert est alors par Antoine habité.
Julien l'Apostat, dans sa fureur impie,
Voudrait anéantir la loi qu'il a trahie.
Jérôme est de la Bible interprète savant.
Par Ambroise repris, Théodore se rend.

CINQUIÈME SIÈCLE APRÈS JÉSUS-CHRIST.

— Saint Jean Chrysostome et saint Augustin.
— Abolition des veilles.
— Institution des chanoines réguliers par saint Augustin, et des moines cénobites.
431. Concile d'Éphèse, *troisième concile œcuménique* (contre les pélagiens et les nestoriens). — Célestin 1er, pape.
451. Concile de Chalcédoine, *quatrième concile œcuménique* (contre Eutychès). — Saint Léon, pape.
484. Excommunication d'Acace, patriarche de Constantinople.
— Saint Léon sauve la ville de Rome par son éloquence.
496. Conversion de Clovis. — Saint Remi. — Sainte Geneviève, patronne de Paris.

CINQUIÈME SIÈCLE APRÈS JÉSUS-CHRIST.

A cette époque on voit les veilles abolies,
Et les communautés dans l'Église établies.
En trente-un dans Éphèse un concile se tient ;
Puis au bout de vingt ans Chalcédoine a le sien.
Attila, Genséric menacent l'Italie.
Léon se montre et parle; il sauve la patrie.
Avec les Francs, Clovis à Reims est baptisé,
Et saint Martin de Tours en Gaule est honoré.

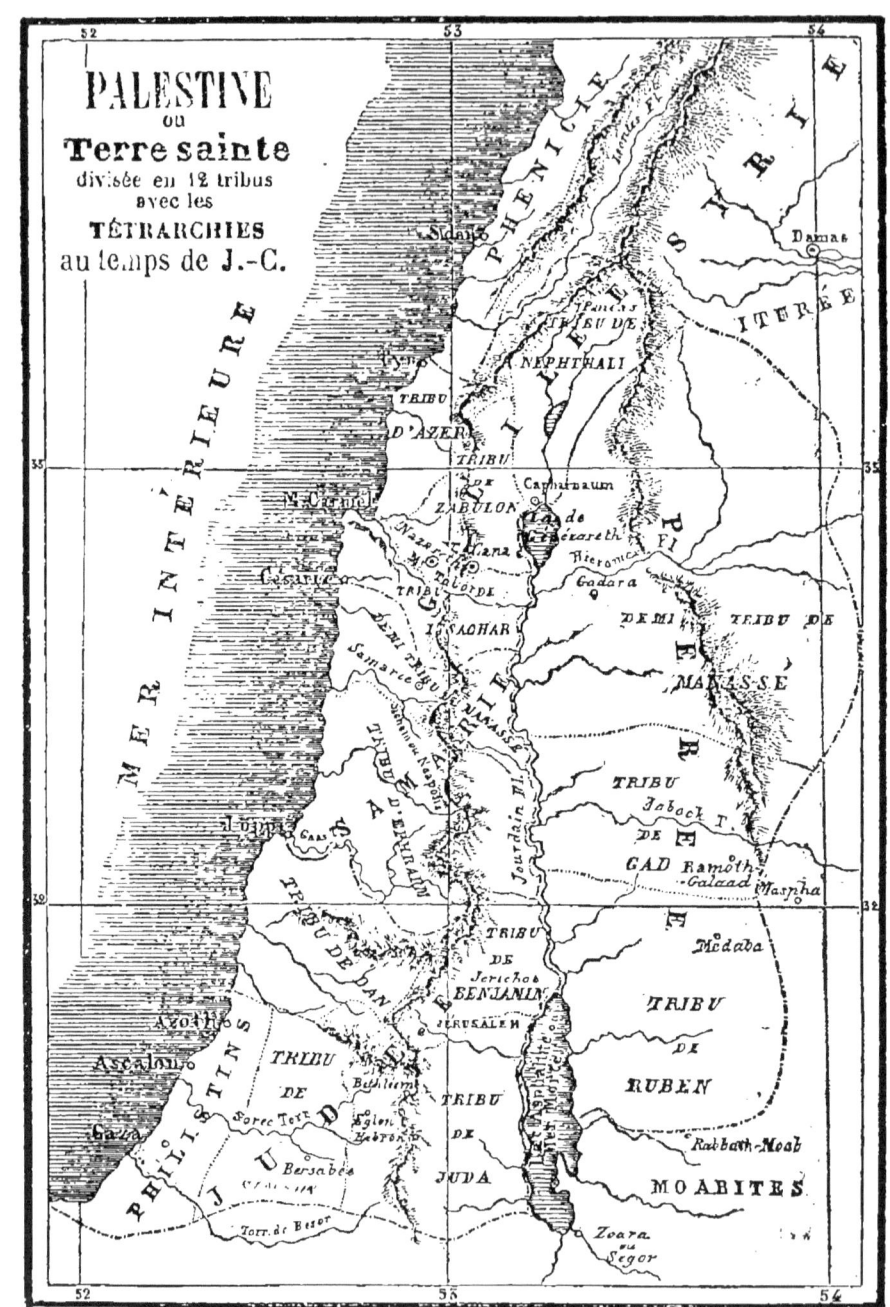

LEÇONS DE CHRONOLOGIE ET D'HISTOIRE

PREMIÈRE PARTIE

HISTOIRE SAINTE

Depuis la création du monde jusqu'à Jésus-Christ.

PREMIER AGE DU MONDE

DEPUIS LA CRÉATION DU MONDE, 4963 ANS AVANT J. C.
JUSQU'AU DÉLUGE, 3308 ANS AVANT J. C.

(Espace de 1656 ans.)

Dieu parle, il a créé : le monde est son ouvrage ;
L'homme au sixième jour est fait à son image.

1. *Comment Dieu a-t-il créé le monde ?* Dieu créa d'abord le ciel et la terre, disposa ensuite tout ce qui s'y trouve, dans l'intervalle de six jours, quoiqu'il eût pu achever ce grand ouvrage en un instant.

2. *Quel fut l'ouvrage de chacun de ces six jours?* Le premier jour, Dieu fit la lumière; le deuxième, le firmament; le troisième, il sépara les eaux de la terre et fit produire à la terre toutes sortes de fruits; le quatrième, il créa le soleil, la lune, les étoiles; le cinquième, les poissons et les oiseaux; le sixième, les quadrupèdes, les reptiles, et enfin l'homme, qui est la créature la plus parfaite.

3. *Comment Dieu créa-t-il l'homme?* Dieu forma le corps de l'homme du limon de la terre, l'anima en répandant sur lui un souffle de vie et le distingua de toutes les créatures en le douant des plus nobles facultés.

4. *Comment fut créée la première femme?* Dieu plongea Adam dans un profond sommeil, lui ôta une de ses côtes et en forma Ève, notre première mère; il la présenta à Adam, comme aide et compagne, et institua ainsi le mariage.

5. *Qu'arriva-t-il ensuite?* Le septième jour, Dieu cessa de créer, et il ordonna que ce jour, nommé jour du *sabbat*, c'est-à-dire du *repos*, lui fût consacré; mais dans la suite l'Église chrétienne, en mémoire de la résurrec-

tion de Jésus-Christ, transféra la célébration de ce jour au lendemain *dimanche*, nom qui veut dire *jour du Seigneur* ou *consacré au Seigneur*.

Adam désobéit, par le démon tenté ;
Il perd avec l'Éden son immortalité.
Caïn immole Abel à son aveugle rage.
Et des vertus d'Abel Seth obtient l'héritage.

6. *Où Dieu plaça-t-il Adam et Ève ?* Dieu plaça Adam et Ève dans l'*Éden* ou le *Paradis terrestre*, jardin délicieux, où croissaient toutes sortes d'arbres d'une beauté ravissante, et où ils auraient pu vivre heureux, s'ils n'eussent point désobéi à Dieu.

7. *Quelle défense leur fut faite ?* Le Seigneur défendit à Adam et à Ève de manger du fruit de l'un des arbres du Paradis, appelé l'Arbre de la science du bien et du mal.

8. *Cette défense fut-elle observée ?* Cette défense ne fut point observée ; le démon, jaloux du bonheur de nos premiers parents, voulut les entraîner au mal : il prit la forme d'un serpent, puis, s'adressant à Ève, il l'assura qu'après avoir mangé du fruit défendu, elle et

son mari seraient semblables à Dieu. Trompée par ces paroles, Ève cueillit le fruit, en mangea et en donna à Adam, qui en mangea aussi.

9. *Quelles furent les suites de cette désobéissance de nos premiers parents ?* Adam et Ève perdirent leur bonheur avec leur innocence. Dieu, pour les punir de leur désobéissance, les assujettit, ainsi que toute leur postérité, au travail, aux peines, aux douleurs et à la mort ; puis il les chassa du Paradis terrestre, et, pour les empêcher de rentrer dans ce lieu de délices, il plaça à la porte un ange armé d'une épée flamboyante, leur promettant néanmoins que de la femme naîtrait un Sauveur qui délivrerait le genre humain de l'empire du démon.

10. *Quels furent les deux premiers fils d'Adam ?* Les deux premiers fils d'Adam furent Caïn, qui se livra à la culture de la terre, et Abel, qui nourrissait des troupeaux. Ce dernier était plus agréable à Dieu que son frère, à cause de sa justice et de sa piété ; aussi quand ils offraient des sacrifices au Seigneur, ceux d'Abel étaient reçus plus favorablement.

11. *Comment Caïn se conduisit-il envers son frère puîné Abel?* Ne pouvant supporter que Dieu lui préférât son frère, Caïn se laissa aller contre lui à la haine et à la jalousie. Dieu l'avertit avec bonté. Mais Caïn conserva de mauvais sentiments dans son cœur, et un jour il emmena Abel dans la campagne, se jeta sur lui et le tua.

12. *Comment ce fratricide fut-il puni?* Caïn fut maudit de Dieu, qui le condamna à être toute sa vie fugitif et vagabond, et il devint père d'une race réprouvée comme lui.

13. *Quel fut le troisième fils d'Adam?* Après la mort d'Abel, Adam eut un troisième fils, nommé Seth, qui, dans sa conduite, se montra aussi vertueux que l'avait été son frère.

14. *Quels noms reçurent les descendants de Caïn et de Seth?* Les descendants de Caïn reçurent le nom d'*Enfants des hommes*, et ceux de Seth méritèrent le nom d'*Enfants de Dieu*.

La ville Énochia doit naissance à Caïn ;
Les arts ont pour auteurs Jubal, Tubalcaïn.

Le ciel, ami d'Énoch, à la terre l'envie.
Mathusalem jouit de la plus longue vie.

15. *Par qui fut bâtie la première ville du monde?* Caïn, tourmenté sans cesse par son crime, s'était réfugié dans un pays éloigné ; il craignait toujours qu'on ne le tuât ; pour se mettre à l'abri de ses frayeurs, il construisit une ville qu'il appela Énochia, du nom de son fils aîné Énoch.

16. *Quels arts furent inventés par les arrière-petits-fils de Caïn?* La musique fut inventée par Jubal ; la manière d'employer le fer et l'airain, par Tubalcaïn ; et l'art de filer la laine et d'en fabriquer des étoffes, par Roéma, sœur de Tubalcaïn.

17. *Parmi les descendants de Seth, quels sont les plus remarquables?* Les descendants les plus remarquables de Seth furent Énoch, qui se rendit agréable à Dieu par sa piété, et Mathusalem, célèbre par sa longue vie.

18. *Comment le ciel récompensa-t-il la vertu d'Énoch, descendant de Seth?* Dieu retira miraculeusement du monde ce fondateur du culte religieux, pour le rendre, selon la

tradition, aux habitants de la terre vers la fin des siècles.

19. *A quel âge parvint Mathusalem, fils d'Enoch ?* Mathusalem parvint à l'âge de 969 ans ; il vécut plus longtemps qu'Adam, qui mourut à 930 ans.

Dieu détruit sous les eaux la race des méchants
Et conserve Noé seul avec ses enfants.

20. *Quelle race d'hommes vit-on paraître à cette époque ?* Les descendants de Seth ayant fait alliance avec ceux de Caïn, il en sortit une race d'hommes appelés les *Géants*, aussi fameux par leur corruption que par leur énorme stature ; ils entraînèrent dans leurs désordres les enfants de Seth, et le crime se répandit sur la terre.

21. *Comment Dieu punit-il les hommes ?* Le Seigneur, irrité de la méchanceté des hommes, résolut de les exterminer par un déluge universel. La mer déborda de tous côtés, il tomba une pluie continuelle pendant 40 jours et 40 nuits, et les eaux s'élevèrent jusqu'à 15 coudées au-dessus de la plus haute

montagne. Tous les hommes périrent, à l'exception de Noé et de sa famille (1).

22. *Comment Noé, descendant de Seth, fut-il préservé du déluge?* Noé s'étant toujours montré fidèle aux lois divines, Dieu résolut de le sauver ; il lui ordonna de bâtir une arche ; Noé y employa cent ans ; lorsque le temps du déluge fut venu, il s'y retira avec sa famille et un couple des animaux de chaque espèce.

23. *Combien de temps la terre demeura-t-elle couverte par les eaux du déluge?* La terre fut couverte par les eaux pendant 150 jours, après lesquels Dieu fit souffler un vent violent qui dessécha peu à peu les terres. La cime des montagnes commença à reparaître, et l'arche de Noé, 11 mois après le commencement du déluge, s'arrêta sur le mont Ararat, en Arménie (2).

24. *Que fit alors Noé?* Voulant connaître dans quel état était la terre, Noé lâcha d'abord un corbeau, qui ne revint plus ; et ensuite une colombe, qui revint dans l'arche. Puis,

---

(1) 3308 avant J. C., l'an du monde 1656.
(2) *Voir* les Leçons comparées de Géographie ancienne et l'Atlas de M. Ducros (de Sixt), pour tous les détails.

sept jours après, il fit partir, pour la seconde fois, la colombe, qui rapporta dans son bec un rameau d'olivier vert. Noé comprit par là que les eaux commençaient à se retirer.

DEUXIÈME AGE DU MONDE

DEPUIS LE DÉLUGE, 3308 AVANT J. C., JUSQU'A LA VOCATION D'ABRAHAM, 2296 AVANT J. C.

(*Espace de* 1012 *ans.*)

Noé plante la vigne, et reçoit un outrage.
Plus tard, entre ses fils la terre se partage (1).

25. *Comment Noé sortit-il de l'arche ?* Après avoir lâché une troisième fois la colombe, qui ne revint plus, Noé comprit que la terre n'était plus couverte d'eau, et, d'après

---

(1) Depuis Adam jusqu'à Noé, on compte dix patriarches ou chefs de famille. Leurs noms sont renfermés dans les vers qui suivent :
« Avant le seize cent cinquante et sixième an,
« Adam, père de Seth, Énos et Caïnam,
« Malaléem, Jared, Énoch, Mathusalem,
« Lamech avec Noé, qui fut père de Sem. »

l'ordre de Dieu, il sortit de l'arche, où il avait demeuré un an.

26. *Que fit le patriarche après être sorti de l'arche?* Noé offrit un sacrifice à Dieu, qui fit alliance avec lui, promit de ne plus maudire la terre, et voulut que l'arc-en-ciel fût le signe de son alliance avec les hommes.

27. *Quelles furent ensuite les occupations de Noé?* Après le déluge, Noé se livra à l'agriculture et planta la vigne, dont le fruit produit le vin.

28. *Quel fut sur Noé le funeste effet de cette liqueur?* Ne connaissant pas encore les effets que produit le vin, Noé en but en trop grande quantité et devint ivre involontairement ; puis il se coucha dans sa cabane et s'endormit dans une posture peu décente.

29. *Comment les enfants de Noé se conduisirent-ils dans cette occasion?* Cham, second fils de Noé, voyant son père couché dans cet état, alla chercher ses frères pour en rire avec eux ; mais Sem et Japhet, plus respectueux, prirent un manteau sur leurs épaules, et allèrent à reculons en couvrir Noé.

30. *Que fit Noé à son réveil?* Lorsque Noé

DEUXIÈME AGE. 11

se réveilla, il apprit l'indigne conduite de Cham, le maudit, ainsi que Chanaan son fils, et toute leur postérité ; puis il donna sa bénédiction à Sem et à Japhet et leur prédit qu'ils prospéreraient sur la terre.

L'Europe est à Japhet, à Sem l'Asie échoit,
Et la race de Cham en Afrique s'accroît.

31. *Comment les trois fils de Noé et leurs nombreux descendants se partagèrent-ils la terre ?* Les descendants de Noé vivaient rassemblés après le déluge dans les plaines de Mésopotamie, situées entre le Tigre et l'Euphrate ; ils s'étaient tellement multipliés qu'ils ne pouvaient plus demeurer ensemble ; les trois fils de Noé se séparèrent alors : Japhet et sa postérité peuplèrent l'Europe et toute l'Asie septentrionale ; Sem s'étendit en Asie vers l'Orient, et Cham alla s'établir en Afrique (1).

32. *Quel projet conçurent les hommes avant de se séparer ?* Pour rendre leur nom célèbre,

---

(1) Pour tous les lieux nommés dans cette Histoire, voir les notions géographiques placées à la fin du volume.

et dans la secrète pensée de se préserver d'un nouveau déluge, les descendants des trois fils de Noé voulurent, avant de se séparer, construire une ville, et une tour qui s'élevât jusqu'aux cieux ; mais Dieu punit leur témérité en confondant leur langage ; comme ils ne pouvaient plus s'entendre, ils furent contraints de se disperser dans les différentes parties du monde. La tour fut appelée *Babel*, nom qui veut dire *confusion,* parce que Dieu y avait confondu le langage des hommes (1).

(1) Les noms des patriarches depuis Noé jusqu'à Abraham sont consignés dans les deux vers suivants :
« Noé, Sem, Arphaxad, Caïnam et Salé ;
« Héber, Phaleg et Rheu, Sarug, Nachor, Tharé. »

TROISIÈME AGE DU MONDE

DEPUIS LA VOCATION D'ABRAHAM, 2296 ANS AVANT J. C.
JUSQU'A LA MORT DE MOÏSE, 1605 ANS AVANT J. C.

(*Espace de 691 ans.*)

Parmi les nations s'étend l'idolâtrie.
Abraham, fils de Sem, près Mambré s'expatrie.
Voulant récompenser sa foi, sa piété,
Dieu promet le Messie à sa postérité ;
Il lui donne Isaac pour fils dans sa vieillesse.
A son frère Ésaü cède son droit d'aînesse.

33. *La connaissance et le culte du vrai Dieu se conservèrent-ils parmi les hommes après le déluge ?* A mesure que les hommes s'éloignèrent de leur origine, ils oublièrent leur Créateur, et, au lieu, de lui rendre le culte qui lui est dû, ils adorèrent le soleil, la lune, le feu, les hommes qui se faisaient remarquer par leurs actions, et même les images qu'on nomme idoles. Ce fut alors que Dieu se choisit un peuple qui devait conserver la vraie religion et donner naissance au

Sauveur promis : Abraham, de la race de Sem, en fut le chef et la tige.

34. *Qui était Abraham ?* Abraham était un homme pieux que Dieu choisit à cause de sa vertu pour répandre, tant par lui que par ses descendants, la connaissance du vrai culte chez toutes les nations de la terre.

35. *Comment Abraham fut-il surnommé?* Abraham mérita le surnom de *Père des croyants* ou *des fidèles*, parce qu'il quitta son pays et ses parents pour se confier aux promesses que Dieu lui avait faites, tant pour lui que pour sa postérité.

36. *Où ce patriarche alla-t-il habiter?* Accompagné de Sara, sa femme, et de Lôth, son neveu, Abraham quitta Ur en Chaldée, son pays natal, et vint s'établir dans le pays de Chanaan, que le Seigneur lui avait promis de donner à ses descendants ; mais la famine l'obligea de passer en Égypte, d'où il revint ensuite dans le pays de Chanaan.

37. *Pourquoi Abraham et Loth se séparèrent-ils ?* Comme Abraham et son neveu possédaient tous les deux de très-grands troupeaux, le pays ne pouvait plus les nourrir,

et des querelles survenaient souvent entre leurs bergers. Abraham alla trouver Loth et lui dit : « Qu'il n'y ait point de querelles entre vous et moi, ni entre vos pasteurs et les miens; toute la terre est à votre choix; je vous prie seulement de vous retirer. Si vous allez à la gauche, je me tiendrai à la droite, et si vous allez à la droite, j'irai à la gauche. » Loth se retira à Sodome, dans le pays du Jourdain, et Abraham alla demeurer près de la vallée de Mambré, dans le pays de Chanaan.

38. *Qu'arriva-t-il à Loth ?* Sodome ayant été prise par le roi des Élamites, Loth fut emmené captif, et tous ses biens furent pillés ; mais Abraham, à la tête de ses plus fidèles serviteurs, vint le délivrer.

39. *Que fit Abraham après cette victoire ?* Pour montrer sa reconnaissance à Dieu, Abraham donna la dixième partie du butin à Melchisédech, roi de Salem et prêtre du Très-Haut.

40. *Quelle promesse Dieu fit-il à Abraham ?* Pour récompenser Abraham de sa foi et de sa piété, Dieu lui promit qu'il aurait une nombreuse postérité, de laquelle naîtrait le *Messie*, c'est-à-dire l'*Envoyé de Dieu* par excellence.

41. *Que fit Abraham, qui n'avait pas eu d'enfant de Sara, sa femme?* A la sollicitation de Sara, Abraham épousa Agar, servante de sa femme, et en eut un fils nommé Ismaël.

42. *Dieu ne confirma-t-il pas quelque temps après à Abraham les promesses qu'il lui avait faites?* Un jour, trois anges, sans se faire connaître, se présentèrent à Abraham, qui leur offrit l'hospitalité : ils vinrent se reposer près de sa tente, et lui prédirent que Sara, quoique âgée de 99 ans, aurait un fils.

43. *Quelle autre révélation Dieu lui fit-il?* Dieu annonça encore à Abraham que Sodome, ville où s'était retiré Loth, allait être détruite, à cause des désordres de ses habitants.

44. *Qu'arriva-t-il alors à Loth?* Deux des anges qui s'étaient présentés à Abraham se rendirent à Sodome. Loth, aussitôt qu'il les aperçut, alla au-devant d'eux et leur offrit de les recevoir dans sa maison. Vers la nuit, les habitants de Sodome vinrent les demander à grands cris pour leur faire éprouver de mauvais traitements ; mais ils furent tous frappés d'aveuglement ; alors les anges prévinrent Loth qu'ils allaient détruire la

ville ; ils le conduisirent avec sa femme et ses deux filles hors de Sodome, en leur recommandant de ne point regarder derrière eux. Le patriarche et ses filles se retirèrent à Ségor ; sa femme, qui avait oublié la défense du Seigneur, fut changée en une statue de sel. Sodome, Gomorrhe et le pays d'alentour furent consumés par une pluie de feu ; c'est là que se trouve aujourd'hui le lac Asphaltite.

45. *Quelle prédiction s'accomplit vers ce temps?* La promesse que Dieu avait faite à Abraham se réalisa: il eut de Sara un fils qu'il nomma *Isaac* (1).

46. *Après la naissance d'Isaac qu'arriva-t-il à Agar?* Depuis qu'Agar avait eu un fils, elle méprisait Sara, sa maîtresse. Ismaël, de son côté, contrariait et maltraitait souvent son frère Isaac. Sara, mécontente, s'en plaignit à Abraham, qui renvoya Agar et son fils.

47. *Que devinrent Agar et Ismaël?* Agar et son fils erraient dans le désert, et ils étaient sur le point d'y mourir de soif, lorsqu'un ange appela Agar du haut du ciel, et lui com-

---

(1) 2266 ans avant J. C., l'an du monde 2697.

manda de prendre soin d'Ismaël. En même temps Dieu lui ouvrit les yeux, elle aperçut un puits, et donna à boire à l'enfant, qui se fortifia et demeura dans le désert.

48. *Quelle postérité eut Ismaël dans la suite?* Ismaël eut douze fils, qui furent pères de douze tribus d'Arabes, nommés *Ismaélites*, dont les descendants habitent encore aujourd'hui l'Arabie.

49. *Comment la foi d'Abraham fut-elle mise à l'épreuve?* Le Seigneur, voulant un jour éprouver la foi de son serviteur, lui ordonna de sacrifier Isaac. Le patriarche obéit sans murmurer, et se rendit avec son fils sur la montagne de Moria. Chemin faisant, Isaac demanda à son père où était la victime. « Dieu y pourvoira, » répondit Abraham. Lorsqu'ils furent arrivés au sommet de la montagne, le patriarche dressa un bûcher, lia son fils, qui, plein d'une obéissance religieuse, n'opposa aucune résistance; mais, au moment où Abraham allait frapper Isaac, un ange arrêta son bras. Un bélier, qui s'était embarrassé les cornes dans un buisson voisin, fut offert en holocauste à la place d'Isaac.

50. *Quel projet occupa Abraham touchant Isaac?* Abraham, étant devenu très-vieux et ayant perdu Sara, songea à marier son fils ; mais il ne voulait lui faire épouser qu'une jeune fille de sa famille, parce que les femmes du pays de Chanaan n'observaient point la loi de Dieu.

51. *Qui le saint patriarche chargea-t-il d'exécuter ses ordres?* Éliézer, intendant d'Abraham, fut chargé d'aller en Mésopotamie, chez Nachor, frère de son maître, pour lui demander une des filles de sa famille.

52. *Comment Éliézer s'acquitta-t-il de sa mission?* Éliézer, étant arrivé près de la ville d'Haran, qu'habitait Nachor, laissa reposer ses chameaux près d'un puits où les filles de la ville avaient coutume de venir puiser de l'eau. Il pria le Seigneur de lui faire connaître celle qui était destinée à Isaac. La jeune Rébecca ne tarda pas à descendre vers le puits : Éliézer lui demanda à boire. La jeune fille satisfit de bonne grâce à sa demande, ainsi qu'à toutes les questions qu'il lui adressa ; le fidèle serviteur fit quelques présents à Rébecca, et se convainquit bientôt que Dieu lui avait fait rencontrer celle qu'il cherchait.

53. *Que fit ensuite Éliézer ?* Ayant été introduit chez Bathuel, fils de Nachor et père de Rébecca, Éliézer demanda la jeune fille en mariage pour le fils de son maître ; sa demande lui fut accordée sur-le-champ. Rébecca ne tarda pas à épouser Isaac.

54. *Quels enfants naquirent de ce mariage ?* Isaac eut de Rébecca, sa femme, deux fils jumeaux : Ésaü et Jacob (1).

55. *A quelles occupations se livrèrent les enfants d'Isaac ?* Ésaü s'adonna à la chasse ; mais Jacob, d'un caractère doux, s'occupa avec sa mère des soins domestiques.

56. *Quelle fut la cause de la mésintelligence qui éclata entre les deux frères ?* Un jour qu'Ésaü revenait de la chasse, très-affamé, il vendit son droit d'aînesse à Jacob pour un plat de lentilles ; ce dernier, excité par sa mère Rébecca, demanda à Isaac la bénédiction paternelle attachée au titre d'aîné ; il l'obtint, en se faisant passer pour son frère, qui en conçut une grande jalousie.

57. *Quel moyen employa Jacob pour obte-*

---

(1) 2206 ans avant J. C., l'an du monde 2757.

nir la bénédiction paternelle destinée à Ésaü ? Comme Isaac était devenu aveugle, Jacob, pour obtenir la bénédiction de son père, se couvrit de la peau d'un chevreau, qui le fit paraître velu comme l'était son frère Ésaü.

58. *Pourquoi Jacob quitta-t-il la maison paternelle ?* Ésaü, étant revenu de la chasse, où l'avait envoyé Isaac, demanda à son père la bénédiction paternelle ; il apprit alors qu'elle avait été donnée à son frère, et menaça de le tuer. Jacob, pour se soustraire au ressentiment d'Ésaü, et d'après les conseils de sa mère Rébecca, partit pour aller chercher un asile en Mésopotamie, chez son oncle.

59. *Quel songe eut-il en chemin ?* S'étant arrêté pour se reposer dans un lieu nommé Béthel, Jacob vit, pendant son sommeil, une échelle mystérieuse et des anges qui montaient et descendaient.

60. *Que désignait cette échelle ?* Cette échelle désignait la communication et les rapports qui doivent exister entre Dieu et les hommes, entre le ciel et la terre.

61. *Que fit Jacob chez Laban ?* Jacob servit d'abord son oncle Laban pendant sept ans,

à condition qu'il lui donnerait en mariage Rachel, sa seconde fille ; mais Laban lui fit épouser Lia, sa fille aînée. Jacob, quelque temps après, obtint la main de Rachel, après s'être engagé à servir son oncle pendant sept autres années.

62. *Pourquoi Jacob quitta-t-il la Mésopotamie ?* Jacob, qui avait acquis de nombreuses richesses par son travail, excita la jalousie de Laban ; il en fut tellement maltraité, qu'il prit la résolution de le quitter et de revenir dans le pays de ses pères.

63. *Quel projet conçut Jacob après avoir quitté son oncle Laban ?* Le premier soin de Jacob, après avoir quitté la Mésopotamie, fut de chercher à se réconcilier avec son frère Ésaü ; il se dirigea donc vers sa demeure et lui envoya de nombreux présents. Ésaü, touché des sentiments de Jacob, se réconcilia avec lui.

64. *Qu'arriva-t-il en chemin à Jacob ?* Tandis que Jacob se rendait auprès d'Ésaü, un ange, sous la figure d'un homme, lutta avec lui ; c'est ce qui valut à Jacob le surnom d'*Israël*, c'est-à-dire *fort contre Dieu*. C'est de là qu'est venu le nom d'*Israélite*.

65. *Où Jacob alla-t-il s'établir ?* Après s'être réconcilié avec son frère, Jacob alla s'établir à Sichem, dans le pays de Chanaan.

Tous les fils de Jacob sont chefs d'une tribu.
Par ses frères jaloux indignement vendu,
Joseph de Pharaon partage la puissance,
Et ses soins à l'Égypte assurent l'abondance.

66. *Combien Jacob eut-il d'enfants de ses quatre femmes ?* De *Lia*, de *Rachel*, de *Bala*, de *Zelpha*, Jacob eut douze fils, qui furent les chefs des douze tribus d'Israël, et dont les noms sont renfermés dans les quatre vers suivants :

Jacob eut de *Lia* Ruben et Siméon,
Lévi, Juda, Dina (*leur sœur*), Issachar, Zabulon ;
Joseph et Benjamin de *Rachel* ; de *Bala*,
Dan avec Nephthali ; Gad, Azer, de *Zelpha*.

67. *Jacob resta-t-il toujours dans le pays de Sichem ?* Quoiqu'il eût choisi le pays de Sichem pour sa demeure, Jacob fut obligé de le quitter, parce que ses enfants avaient traité avec trop de cruauté les Sichémites, voulant ainsi venger leur sœur Dina d'une insulte que lui avait faite le roi du pays.

68. *Que devint dans la suite la famille de Jacob ?* Des douze fils de Jacob, onze furent soumis en Égypte à leur frère Joseph, qui, comme il l'avait prédit lui-même, parvint aux plus hautes dignités.

69. *Quels étaient les sentiments des frères de Joseph envers lui ?* Dès son jeune âge, Joseph fut en butte à la jalousie de ses frères, parce que Jacob, l'ayant eu dans sa vieillesse, l'aimait avec prédilection.

70. *Quelle circonstance vint encore augmenter la haine que les frères de Joseph lui avaient vouée ?* La haine que les frères de Joseph lui portaient fut encore augmentée par deux songes qu'il eut et qu'il raconta à son père et à ses frères; ces deux songes indiquaient la grandeur qui l'attendait.

71. *Quels sont ces deux songes ?* Dans l'un de ces deux songes, Joseph vit ses frères dans un champ lier de petites javelles qui s'inclinaient devant la sienne; dans l'autre, il lui sembla voir le soleil, la lune et onze étoiles qui l'adoraient.

72. *Quelles furent les suites de la jalousie que les frères de Joseph avaient conçue contre* *lui?* Un jour que Jacob avait envoyé Joseph près de ses frères, pour savoir en quel état étaient leurs troupeaux, ils voulurent d'abord s'en défaire : *Voici notre songeur*, dirent-ils, *tuons-le.* Mais Ruben les détourna de ce dessein ; ils se contentèrent de le jeter dans une citerne, d'où ils le retirèrent pour le vendre à des marchands ismaélites qui se rendaient en Égypte. Ils prirent ensuite sa robe, qu'ils trempèrent dans le sang d'un chevreau, et l'envoyèrent à leur père Jacob, en lui faisant dire qu'une bête cruelle avait dévoré leur frère (1).

73. *Quel fut le sort de Joseph?* A son arrivée en Égypte, Joseph fut vendu à Putiphar, un des premiers officiers du roi Pharaon. Devenu intendant de son maître, il fut sollicité au crime par la femme de Putiphar ; mais comme il ne voulut pas consentir à ce qu'elle exigeait de lui, elle l'accusa devant son mari, qui le fit mettre en prison.

74. *Que fit Joseph dans la prison?* Dieu n'abandonna pas Joseph innocent ; il toucha en sa faveur le gouverneur de la prison, qui

(1) 2097 ans avant J. C., l'an du monde 2866.

le chargea de surveiller les prisonniers. Un jour qu'il visitait deux officiers de la maison du roi Pharaon, le grand panetier et le grand échanson, ceux-ci lui racontèrent chacun un songe qu'ils avaient eu dans la même nuit.

75. *Racontez ces songes.* Le premier avait songé qu'il portait sur sa tête trois corbeilles remplies de toutes sortes de pâtisseries que les oiseaux venaient dévorer. Joseph lui prédit qu'au bout de trois jours il serait pendu, et que les oiseaux mangeraient son corps.

Le second vit en songe une vigne à trois sarments qui se couvrit de fleurs, puis de fruits, dont il pressa le jus dans la coupe du roi. Joseph lui prédit qu'au bout de trois jours il serait rétabli dans sa charge, et le pria de se souvenir de lui dans sa prospérité.

76. *A quelle occasion Joseph quitta-t-il sa prison?* Deux ans après, le roi Pharaon eut lui-même deux songes que personne ne pouvait expliquer. Dans le premier il vit sept vaches grasses qui étaient dévorées par sept vaches maigres; et, dans le second, sept gros épis dévorés par sept autres épis fort petits. L'échanson se ressouvint de Joseph, en parla

au roi, qui le fit venir, et Joseph lui prédit sept années d'abondance, suivies de sept années de stérilité.

77. *Quelle récompense obtint alors Joseph ?* Comme il avait non-seulement expliqué les songes de Pharaon, mais encore qu'il avait donné à ce prince de sages conseils pour préserver l'Égypte de la famine, il obtint la première dignité de l'État et reçut du roi le nom de *Sauveur du monde.*

78. *Par quelle circonstance vit-il dix de ses frères ?* La famine s'étant fait sentir dans le pays de Chanaan, dix des fils de Jacob vinrent en Égypte pour y acheter du blé. Joseph les reconnut, mais ne se découvrit point à eux.

79. *Comment Joseph traita-t-il ses frères ?* Voulant connaître ce qui s'était passé dans leur famille, Joseph feignit de les prendre pour des espions, afin d'avoir un prétexte de les retenir prisonniers. Au bout de trois jours, il leur permit de partir, après avoir commandé secrètement à ses officiers d'emplir leurs sacs de blé, d'y remettre leur argent et de leur donner des vivres pour le voyage ; mais il garda Siméon, afin de les obliger à lui

amener leur frère Benjamin, qui était resté auprès de Jacob.

80. *Que fit Joseph au retour de ses frères?* Après que les enfants de Jacob furent revenus avec Benjamin, Joseph les reçut dans ses riches appartements. La vue de son plus jeune frère, fils de Rachel comme lui, l'attendrit tellement qu'il fut obligé de sortir pour verser des larmes. Il revint ensuite se mettre à table et dîna avec ses frères.

81. *Quel ordre donna Joseph au départ de ses frères?* Pour s'assurer des dispositions de ses frères, et pour avoir un prétexte de retenir Benjamin en Égypte, Joseph fit mettre sa coupe d'or dans le sac de blé qu'il lui avait destiné ; puis il envoya après ses frères des officiers qui réclamèrent l'objet précieux.

82. *Que firent les frères de Joseph?* Voyant que Benjamin allait être retenu prisonnier en Égypte, les fils de Jacob cherchèrent à fléchir Joseph ; Juda lui représenta que Jacob mourrait de douleur s'il apprenait la captivité de son fils, et il offrit de rester esclave à sa place.

83. *Que se passa-t-il alors?* Joseph ne put

se retenir; il commanda qu'on fît sortir tout le monde. Alors, les larmes lui tombant des yeux, il jeta un grand cri, et dit à ses frères : « Je suis Joseph! Mon père vit-il encore ? » Il les embrassa tous, puis leur ordonna d'aller instruire leur père de ce qu'ils avaient vu et de le ramener en Égypte.

84. *Que fit Jacob dès qu'il eut appris que son fils Joseph était en Égypte?* Jacob vint se fixer avec ses enfants dans le pays fertile de Gessen, que Pharaon leur donna, et où il termina ses jours (1). Ses enfants eurent une nombreuse postérité, qui forma bientôt un grand peuple.

Quatre cents ans passés sous un joug oppresseur,
Moïse de son peuple est le libérateur.
Il meurt avant d'entrer dans la terre promise.

85. *Comment les Israélites furent-ils traités en Égypte après la mort de Joseph?* Le roi qui avait succédé à Pharaon, oubliant les services de Joseph et effrayé du prodigieux accroissement d'un peuple étranger au milieu

(1) 2076 ans avant J. C., l'an du monde 2887.

de ses sujets, entreprit de détruire les Hébreux. Il les employa aux plus rudes travaux et ordonna que leurs enfants mâles fussent jetés dans le Nil aussitôt après leur naissance. Dieu choisit Moïse pour délivrer les Israélites de cette cruelle oppression (1).

86. *Qui était Moïse ?* Moïse était un des descendants de Jacob par Lévi, père de Caath qui eut pour fils Amram, père de Moïse.

87. *Quelle fut l'enfance de Moïse ?* Pour sauver le jeune enfant de la proscription qui pesait sur les enfants des Hébreux, sa mère le mit dans une corbeille enduite de poix et de bitume, puis, le confiant à la bonté de Dieu l'exposa sur les eaux du Nil, sous la surveillance de sa sœur. La fille de Pharaon vint par hasard en cet endroit ; elle eut compassion du jeune enfant, le fit retirer de l'eau, l'adopta et l'appela *Moïse*, c'est-à-dire *sauvé des eaux*. Il fut élevé dans le palais de Pharaon, et s'instruisit dans toutes les sciences des Égyptiens.

88. *Qu'arriva-t-il à Moïse lorsqu'il fut devenu grand ?* A l'âge de quarante ans, Moïse

(1) 1725 ans avant J. C., l'an du monde 3238.

ne pouvant voir les malheurs qui accablaient ses frères, quitta la cour de Pharaon et alla rejoindre les Israélites. Ayant tué un Égyptien qui maltraitait un Israélite, il fut obligé de se réfugier dans le pays des Madianites, où il entra au service de Jéthro, dont il épousa la fille Séphora.

89. *Quelle mission reçut-il ?* Un jour que Moïse gardait les troupeaux de son beau-père, Dieu lui apparut sur le mont Horeb, dans un buisson embrasé, et lui ordonna d'aller délivrer les Israélites de la servitude des Égyptiens.

90. *Que fit Moïse pour accomplir sa mission ?* Accompagné de son frère Aaron, Moïse alla trouver Pharaon, qui refusa de laisser partir les Hébreux. Par l'ordre de Dieu, Moïse affligea alors l'Égypte de plusieurs fléaux, qu'on appelle les dix plaies de l'Égypte.

91. *Quelles sont les dix plaies de l'Egypte ?*
1° Le changement des eaux du Nil en sang.
2° Une multitude de grenouilles qui incommodaient les Égyptiens jusque dans leurs lits.
3° Les moucherons qui couvrirent les hommes et les animaux.

4° Les grosses mouches très-dangereuses qui remplirent tous les pays de l'Égypte.

5° La peste qui fit mourir la plus grande partie des bestiaux des Égyptiens.

6° Les ulcères et les tumeurs sur les hommes et les animaux.

7° La grêle, mêlée de tonnerre, qui frappa de mort les hommes et les animaux qui se trouvèrent dans les champs.

8° Les sauterelles qui ravagèrent ce que la grêle avait épargné.

9° Les ténèbres qui durèrent trois jours.

10° Enfin la mort de tous les premiers-nés égyptiens, tant des hommes que des bêtes. Les Israélites furent toujours exempts de tous ces maux.

92. *Quand Pharaon se détermina-t-il à laisser partir les Israélites?* Pharaon donna aux Hébreux la permission de quitter l'Égypte après la dixième plaie, lorsqu'il eut vu que l'ange du Seigneur, en exterminant les premiers-nés des Égyptiens, avait épargné les Israélites, dont la porte, d'après les ordres de l'ange, était teinte du sang d'un agneau (1).

(1) 1645 ans avant J. C., l'an du monde 3318.

93. *Comment Moïse perpétua-t-il le souvenir de la sortie d'Égypte?* Pour conserver le souvenir de la délivrance des Israélites, Moïse institua la fête annuelle de la *Pâque*, dont le nom en hébreu signifie *passage*. On immolait un agneau et on mangeait des pains sans levain pendant sept jours.

94. *Qu'arriva-t-il aux Israélites à leur sortie d'Égypte?* Pharaon, se repentant d'avoir laissé partir les Hébreux, les poursuivit à la tête de son armée jusqu'aux bords de la mer Rouge; mais, au moment où il allait les atteindre, Dieu commanda à Moïse d'étendre sa main, et la mer sépara ses eaux pour laisser passer les Israélites et les réunit ensuite pour engloutir les Égyptiens.

95. *Où Moïse conduisit-il ensuite les Israélites?* D'après les ordres de Dieu, Moïse mena les Hébreux dans le désert pour les y former au culte du vrai Dieu.

96. *Quelle fut la conduite des Hébreux dans le désert?* Au lieu de remercier le Seigneur de l'éclatante protection qu'il leur avait accordée, les Hébreux murmurèrent contre Moïse et Aaron : « Plût à Dieu, disaient-ils, que nous fussions restés en Égypte, où nous avions des marmites pleines de viande et du pain à manger ! » Cependant Dieu eut pitié de son peuple : il fit tomber du ciel tous les matins une manne miraculeuse qui les nourrit constamment pendant les quarante ans qu'ils restèrent dans le désert.

97. *Quels autres miracles Dieu opéra-t-il dans le désert pour procurer de la nourriture aux Hébreux?* Le Seigneur couvrit le camp des Israélites d'une grande quantité de cailles, et ordonna à Moïse de frapper avec une baguette le rocher d'Oreb, d'où il sortit de l'eau qui apaisa leur soif.

98. *Comment Dieu conduisit-il les Hébreux dans le désert?* Le Seigneur plaça à la tête des Israélites un nuage qui les préservait de l'ardeur du soleil pendant le jour, et qui se changeait en colonne de feu pour les éclairer pendant la nuit.

99. *Quel autre événement remarquable se passa-t-il dans le désert ?* Dieu, voulant enseigner aux Israélites ce qu'ils devaient faire pour devenir saints et parfaits, commanda à Moïse de réunir le peuple au pied du mont

Sinaï ; puis le cinquantième jour après sa sortie d'Égypte, dès le matin, on vit briller des éclairs, le tonnerre se fit entendre, et Dieu, du milieu de la nuée, donna le *Décalogue* ou la loi des dix commandements. Depuis cette époque, les Israélites célébraient tous les ans une grande fête appelée *Pentecôte*, en mémoire de cet événement.

100. *De quelle idolâtrie les Israélites se rendirent-ils cependant coupables?* Pendant que Moïse était sur le mont Sinaï, où il recevait de Dieu même le *Décalogue*, gravé sur des tables de pierre, et plusieurs autres lois, les Israélites contraignirent le grand prêtre Aaron, son frère, à fabriquer un veau d'or qu'ils adorèrent.

101. *Que fit Moïse lorsqu'il revint au milieu des Hébreux?* Saisi d'indignation, Moïse brisa les tables de la loi, réduisit l'idole en poudre et fit exterminer 23,000 des impies. Il retourna ensuite sur le mont Sinaï, et au bout de 40 jours il rapporta de nouvelles tables de la loi et d'autres instructions pour le peuple ; puis il ordonna de construire le tabernacle. Depuis ce second voyage au som-

met du Sinaï, le visage de Moïse était tout rayonnant de lumière, et il était obligé de se couvrir d'un voile lorsqu'il voulait parler au peuple.

102. *Qu'était-ce que le tabernacle ?* Le tabernacle était une tente d'étoffe précieuse, qui avait 30 coudées de long sur 12 de large, et était partagée en deux parties.

103. *Quel nom portait la première partie du tabernacle et que renfermait-elle ?* La première partie du tabernacle s'appelait le *saint*. Elle contenait le chandelier d'or à 7 branches; la table avec les 12 pains de proposition ou d'offrande, qu'on changeait toutes les semaines; l'autel d'or où l'on faisait brûler le parfum.

104. *Comment s'appelait la seconde partie du tabernacle ?* La seconde partie du tabernacle s'appelait le *sanctuaire* ou le *saint des saints*. Elle était séparée de la première par un voile précieux, et contenait l'arche de l'alliance, qui ne pouvait être portée que par les lévites.

105. *Qu'était-ce que l'arche d'alliance ?* L'arche d'alliance était un coffre de bois in-

corruptible, revêtu d'or, qui renfermait trois objets précieux : les tables de la loi, une mesure de la manne tombée dans le désert, et la baguette d'Aaron, qui y fut placée après qu'il eut été reconnu grand prêtre.

106. *Que fit Moïse lorsque le tabernacle fut achevé?* Après avoir terminé le tabernacle, Moïse le consacra avec de l'huile sainte, déclara que Dieu avait choisi Aaron et ses enfants pour exercer les fonctions sacerdotales, et chargea exclusivement la tribu de Lévi de tout ce qui regardait les cérémonies des sacrifices. C'est de cette tribu qu'est venu le nom de *lévites*, donné aux prêtres des Hébreux.

107. *Quelle punition reçurent Nadab et Abiu?* Nadab et Abiu, fils d'Aaron, furent consumés par un tourbillon de feu, pour avoir employé dans leur encensoir un feu qui n'avait point été consacré.

108. *Quel miracle Dieu opéra-t-il encore dans le désert?* Malgré les preuves évidentes qu'ils avaient de la protection divine, les Hébreux murmuraient sans cesse ; assis à l'entrée de leurs tentes, ils regrettaient l'Égypte.

Moïse supplia le Seigneur, qui leur envoya le lendemain une grande quantité de cailles; mais, pour punir le peuple de ses murmures, le Seigneur le couvrit d'une grande plaie, qui fit mourir un grand nombre d'hommes.

109. *Que fit Dieu pour soulager Moïse dans le gouvernement du peuple?* Moïse s'étant plaint à Dieu de la peine qu'il avait à conduire un peuple si endurci, le Seigneur lui ordonna d'établir soixante-dix hommes choisis parmi les anciens d'Israël, pour lui aider dans le gouvernement.

110. *Quelle expédition fit faire Moïse dans la terre de Chanaan?* Moïse envoya dans la terre de Chanaan, que Dieu avait promise à son peuple, un homme de chaque tribu pour reconnaître ce pays: ces espions rapportèrent une énorme grappe de raisin et annoncèrent que cette terre était extrêmement fertile, mais qu'elle était habitée par un peuple redoutable; ils répandirent l'effroi parmi les Israélites, qui se révoltèrent contre Moïse.

111. *Qu'arriva-t-il à Coré, à Dathan et à Abiron, qui avaient cherché à soulever les Israélites contre Moïse et Aaron?* Coré, qui avait voulu usurper sur Aaron les fonctions sacerdotales, Dathan et Abiron, jaloux de l'autorité de Moïse, furent engloutis avec leurs tentes et tout ce qui leur appartenait ; leur famille et leurs partisans furent dévorés par le feu.

112. *Comment le sacerdoce d'Aaron fut-il confirmé par un nouveau miracle ?* Les chefs des tribus, jaloux d'Aaron, lui disputèrent le privilége du sacerdoce : pour terminer le différend, Moïse ordonna de placer dans le tabernacle douze baguettes, sur chacune desquelles on écrivit le nom d'une tribu et de son chef : le lendemain, la baguette d'Aaron fut trouvée couverte de fleurs et de fruits ; la souveraine sacrificature fut alors conférée pour toujours non-seulement à lui, mais à sa famille.

113. *Quel autre miracle Moïse opéra-t-il dans le désert, et quelle faute commit-il en même temps ?* Le peuple éprouvant, dans le désert de Sin, les tourments d'une soif ardente, se souleva contre Moïse, qui consulta le Seigneur. Dieu lui ordonna de parler seulement à un rocher pour en faire jaillir de

l'eau. Moïse n'exécuta pas ponctuellement l'ordre qu'il avait reçu ; au lieu de parler à la pierre, il la frappa jusqu'à deux fois. L'eau coula en abondance ; mais Dieu reprit Moïse de son peu de confiance et lui déclara qu'en punition de sa faute, il n'entrerait pas dans la terre de Chanaan.

114. *Comment Dieu punit-il encore les Israélites qui s'étaient révoltés de nouveau ?* Les Israélites s'étant révoltés de nouveau, Dieu leur envoya des serpents qui, par leurs morsures brûlantes, faisaient mourir un grand nombre d'entre eux.

115. *Comment les Israélites furent-ils guéris de la morsure des serpents ?* Moise, ayant invoqué le nom du Seigneur, fit élever au milieu du camp un serpent d'airain, et tous ceux qui le regardaient étaient guéris.

116. *Quels ennemis les Israélites eurent-ils à combattre ?* Les Israélites eurent ensuite à se défendre contre les Amorrhéens et les Moabites. Balac, roi de ce dernier peuple, ne pouvant vaincre les Hébreux par les armes, envoya le prophète Balaam pour les maudire.

117. *Qu'arriva-t-il alors au prophète Balaam?* Balaam s'étant mis en route pour aller maudire les Israélites, un ange armé d'une épée flamboyante se présenta devant l'ânesse que montait le prophète et l'empêcha d'avancer. Balaam la frappa; mais l'ânesse lui parla et se plaignit de ses mauvais traitements. Alors le prophète, ayant vu l'ange et étant déconcerté par ce miracle, donna sa bénédiction aux Israélites, au lieu de les maudire.

118. *Quel nouveau châtiment méritèrent les Israélites?* Comme les Israélites s'étaient laissé corrompre par les femmes moabites, Moïse, d'après les ordres de Dieu, en fit mettre à mort plus de 24,000; et un des descendants d'Aaron, Phinée, qui, dans cette occasion, avait signalé son zèle contre les impies, reçut la dignité de grand prêtre, héréditaire dans sa famille.

119. *Que fit Moïse après cet acte de sévérité?* Moïse, d'après l'ordre de Dieu, fit reconnaître Josué pour commander après lui et donna au peuple de sages instructions, qu'il recueillit dans un livre appelé le *Deutéronome*.

120. *Où mourut Moïse?* Moïse, âgé de 120

ans, mourut sur le mont Nébo (1), d'où le Seigneur lui fit voir le pays de Chanaan, qu'il avait promis aux Israélites.

121. *Quels ouvrages Moïse a-t-il laissés écrits?* Moïse a composé les cinq premiers livres de la Bible, compris sous le nom général de *Pentateuque;* ces cinq livres sont la *Genèse,* ou l'histoire de la création; l'*Exode,* ou l'histoire de la sortie d'Egypte; le *Lévitique,* ou le traité des cérémonies des lévites; les *Nombres,* ou le dénombrement des Hébreux; et le *Deutéronome,* ou la récapitulation des lois données aux Israélites.

122. *Quel gouvernement Moïse avait-il établi?* Moïse avait établi un gouvernement *théocratique,* c'est-à-dire dirigé d'après les ordres immédiats de Dieu, que les Juifs appelaient *Jéhova:* de là le pouvoir que le grand pontife et les prêtres exerçaient sur la nation.

123. *Quelles étaient les principales coutumes religieuses et les fêtes ordonnées par la loi de Moïse?* Les principales coutumes religieuses des Hébreux étaient :

(1) 1605 ans avant J. C., l'an du monde 3358.

La *circoncision*, qui se faisait huit jours après la naissance de l'enfant;

La *sanctification du sabbat*, qui avait lieu le septième jour de la semaine, en mémoire du repos que Dieu avait pris après l'œuvre de la création. Quiconque travaillait ce jour-là était puni de mort;

La *Pâque*, en mémoire de la sortie d'Egypte;

La *Pentecôte*, qui rappelait le jour où Dieu avait donné le Décalogue sur le mont Sinaï;

La *fête des tabernacles* ou *des tentes*, qui durait sept jours, pendant lesquels les Hébreux habitaient sous des tentes, afin de se rappeler que leurs pères avaient longtemps erré dans le désert;

Et enfin la *fête des expiations;* elle était célébrée pour racheter les fautes de tout le peuple. Le grand prêtre les assumait sur la tête d'un bouc qu'on chassait ensuite dans le désert; l'animal était appelé *bouc émissaire*.

124. *Quelle était la plus sainte fonction des prêtres?* La plus sainte fonction des prêtres était l'*offrande du sacrifice;* cette cérémonie consistait à amener devant l'autel des holocaustes une victime qui était choisie parmi

les animaux domestiques dont il était permis de manger la chair. On l'égorgeait ; les prêtres en recevaient le sang dans une coupe et le répandaient autour de l'autel : ensuite on dépouillait l'animal de sa peau et on le faisait brûler, ou tout entier, ou en partie, sur l'autel des holocaustes. Chaque jour, on offrait quatre agneaux; deux le matin, deux le soir ; c'est ce qu'on appelait le *sacrifice perpétuel*.

125. *Quelles coutumes avaient encore été prescrites par la loi mosaïque?* D'après les lois de Moïse, il était défendu de manger de plusieurs animaux, tels que le porc, le lièvre, le lapin, les insectes rampants, les poissons sans nageoires et sans écaille. Ces animaux étaient réputés impurs; on se souillait même en les touchant lorsqu'ils étaient morts.

Tous les sept ans revenait l'*année sabbatique*, pendant laquelle les travaux de l'agriculture étaient suspendus, et les récoltes abandonnées aux pauvres; on rendait alors la liberté aux esclaves, et les dettes étaient remises aux débiteurs.

Il en était de même pendant l'année du *jubilé*, qui avait lieu tous les cinquante ans.

Chacun rentrait en possession de tous ses biens, de quelque manière qu'ils eussent été aliénés. La dîme des biens était offerte au Seigneur, et les prêtres avaient des terres qui leur étaient assignées.

126. *Quand vivait Job?* Le saint homme Job vivait, à ce que l'on croit, quelque temps avant Moïse.

127. *Quels faits l'Écriture sainte rapporte-t-elle du saint homme Job?* Iduméen d'origine, le saint homme Job était sorti de la race d'Esaü; il avait acquis de grandes richesses, mais il avait conservé un cœur pur et droit. Il perdit dans un seul jour tous ses biens, sa santé, ses enfants; de plus il essuya les reproches de sa femme et de ses amis, sans cesser d'avoir confiance en Dieu et de bénir son nom.

128. *Comment le Seigneur fit-il cesser les malheurs de Job?* Touché de sa foi et de sa patience, le Seigneur rendit à Job plus de biens qu'il n'en avait perdu et lui accorda une longue et heureuse vieillesse.

QUATRIÈME AGE DU MONDE

DEPUIS LA MORT DE MOÏSE, 1605 ANS AVANT JÉSUS-CHRIST,
JUSQU'AUX ROIS DES JUIFS, 1080 ANS AVANT J. C.

(Espace de 525 ans.)

Enfin par Josué cette terre est conquise.
Ce guerrier triomphant, avec l'aide du ciel,
Divise Chanaan aux tribus d'Israël.

129. *Quelle fut la fin des Israélites sortis d'Égypte ?* Des 600,000 hommes sortis d'Egypte pour entrer dans la terre promise, Caleb et Josué furent les seuls qui y parvinrent, se trouvant à la tête de tous les Israélites nés dans le désert.

130. *Pourquoi Dieu en avait-il exclu les autres ?* Dieu avait exclu les autres Israélites pour les punir de leur infidélité et de leurs révoltes fréquentes pendant les quarante ans qu'ils avaient erré dans le désert.

131. *Que fit Josué dès qu'il eut pris le commandement des Hébreux ?* Dès qu'il eut été mis à la tête des Hébreux, Josué envoya reconnaître le pays dans lequel il devait entrer, puis il ordonna au peuple de traverser le Jourdain ; aussitôt que les prêtres qui portaient l'arche eurent mis le pied dans le fleuve, les eaux qui venaient de la source s'arrêtèrent et s'élevèrent comme une montagne, les eaux d'en bas s'écoulèrent vers la mer Morte, et le peuple put traverser le fleuve à pied sec (1).

132. *Comment Josué perpétua-t-il le souvenir de ce prodige ?* Josué, voulant conserver la mémoire de cette protection miraculeuse, ordonna à douze hommes, choisis parmi les douze tribus, de construire deux autels, l'un au milieu du fleuve, avec douze pierres prises sur la terre ferme, et l'autre sur la terre ferme, avec douze pierres prises dans le milieu du fleuve.

133. *Quel autre miracle fit ensuite Josué ?* La ville de Jéricho, première ville forte du pays de Chanaan, devait opposer une grande résistance aux Israélites ; Josué en fit faire sept fois le tour à son armée et en fit tomber les murs au son des trompettes.

(1) 1605 ans avant J. C., l'an du monde 3358.

134. *Quel revers essuyèrent les Israélites?* Josué, après la prise de Jéricho, voulut s'emparer de la ville d'Haï ; il envoya trois mille hommes contre cette place ; mais ils furent défaits, et Dieu fit connaître à Josué qu'il ne mettrait cette ville en son pouvoir que lorsqu'on aurait puni un homme du peuple qui, dans le sac de Jéricho, avait détourné une partie du butin consacré au Seigneur.

135. *Comment découvrit-on le coupable et quel sort éprouva-t-il?* Josué assembla le peuple par tribu ; on tira au sort selon que Dieu l'avait ordonné ; la tribu de Juda fut d'abord désignée, puis une famille de cette tribu, puis enfin un membre de cette famille, nommé Achan. Josué lui fit avouer son crime et le fit ensuite lapider par tout le peuple. La ville d'Haï tomba aussitôt après au pouvoir des Hébreux.

135 bis. *Quelle cérémonie eut alors lieu parmi les Israélites?* Josué, après ses premiers succès, rassembla le peuple entre le mont Hébal et le mont Garizim, pour lui faire connaître, d'après l'ordre précis qu'en avait donné Moïse, les *lois de devoir* ou *Bénédictions* et les *lois de défense* ou *Malédictions*: les premières furent prononcées sur le mont Garizim, et les secondes sur le mont Hébal; le peuple promit avec acclamation de les observer.

136. *Quel prodige Josué opéra-t-il ensuite?* Pour mieux faire éclater la protection particulière qu'il accordait aux Israélites, Dieu avait en quelque sorte soumis la nature aux ordres de Josué; car un jour qu'il livrait une grande bataille à Adonibézec, roi de Jérusalem, et à d'autres rois ses alliés qui assiégeaient Gabaon, un orage effroyable accabla les ennemis; Josué commanda au soleil de s'arrêter jusqu'à ce que la victoire fût complète, et le soleil s'arrêta.

137. *Que fit Josué après avoir fait la conquête du pays de Chanaan?* Josué partagea entre les différentes tribus les terres qu'il avait conquises, fit jouir les Hébreux d'une paix profonde et mourut après avoir renouvelé l'alliance que le Seigneur avait faite avec Israël.

138. *Comment le pays de Chanaan fut-il partagé entre les tribus d'Israël?* Les tribus de Siméon, de Juda, de Dan et de Benjamin

s'établirent au sud-ouest de l'embouchure du Jourdain ; la tribu d'Éphraïm, une partie de celle de Manassé et la tribu d'Issachar se fixèrent à l'ouest du fleuve ; celle de Zabulon, d'Aser et de Nephthali au nord-ouest ; l'autre partie de la tribu de Manassé, les tribus de Gad et de Ruben s'établirent à l'est. La tribu de Lévi n'eut point de terres en propre ; mais elle recevait la dîme de tous les biens, et on lui donna, dans les différentes tribus, quarante-huit villes, dont six furent particulièrement désignées comme lieu de refuge pour les hommes coupables de meurtre involontaire.

139. *Comment les Israélites se conduisirent-ils après la mort de Josué et par qui furent-ils gouvernés ?* Après la mort de Josué, les Hébreux oublièrent bientôt les sages conseils que ce chef leur avait donnés, et Dieu les abandonna de nouveau. Il suscitait cependant de temps en temps des chefs remplis de son esprit pour les délivrer de l'oppression de leurs ennemis. Ces chefs furent nommés *juges*, de leur principale fonction, qui était d'administrer la justice.

Othoniel sauva son peuple d'esclavage,
Et, comme Aod, Barac sut venger son outrage.
La sage Débora jugeait en Israël,
Quand Sizara périt sous les coups de Jahel.

140. *Quel fut le successeur de Josué ?* Othoniel succéda à Josué dans le gouvernement du peuple ; il délivra les Israélites de la servitude de Chusan, roi de Mésopotamie, et les gouverna pendant 40 ans (1).

141. *Comment les Juifs furent-ils délivrés de la servitude des Moabites ?* Aod, chef des Israélites, se présenta devant Églon, roi des Moabites, et le tua dans un entretien particulier qu'il lui avait demandé (2).

142. *Comment se signala la sainte femme Débora, qui gouverna après Aod ?* La prophétesse Débora, aidée de Barac, délivra les Israélites de la servitude de Jabin, roi de Chanaan, dont l'armée était soutenue par 900 chariots armés de faulx tranchantes (3).

143. *Que fit dans cette occasion Jahel, femme israélite ?* Sizara, général de l'armée de Jabin, s'étant réfugié dans la tente de Ja-

---

(1) 1554 ans avant J. C., l'an du monde 3049.
(2) 1496 ans avant J. C., l'an du monde 3467.
(3) 1396 ans avant J. C., l'an du monde 3567.

hel, cette dernière lui perça la tête d'un gros clou pendant qu'il dormait.

Délivré de Jabin, le peuple israélite
Subit le joug honteux du fier Madianite.
Gédéon, sans combattre, a vaincu Madian.
L'horrible Abimélec se baigne dans le sang.

144. *Quels autres malheurs éprouvèrent les Israélites ?* Les Israélites, après avoir été délivrés de la tyrannie de Jabin, furent encore opprimés par les Madianites et les Amalécites et réduits à la plus grande misère.

145. *Qui Dieu choisit-il pour délivrer les Israélites ?* Dieu fit choix de Gédéon pour tirer son peuple de servitude et lui envoya un ange pour lui faire connaître la mission à laquelle il le destinait.

146. *Par quels miracles la volonté de Dieu fut-elle confirmée à Gédéon ?* Peu confiant en lui-même, et surtout plein d'humilité, Gédéon pria l'ange de lui confirmer par quelque signe la volonté du Seigneur; l'ange lui ordonna de mettre sur une pierre de la chair cuite et du pain sans levain; puis il toucha le tout du bout de sa baguette, consuma les mets et disparut.

147. *Que fit alors Gédéon ?* Pour obéir à Dieu, Gédéon rassembla une troupe de soldats, afin de marcher contre les Madianites : mais son armée lui parut si petite qu'il n'osa les attaquer. Il se prosterna de nouveau devant Dieu et le pria de lui confirmer encore une fois sa volonté.

148. *Quel miracle fit alors le Seigneur ?* Gédéon, ayant étendu une toison sur la terre, la trouva couverte de rosée pendant que la terre était sèche, et le lendemain il la trouva sèche pendant que la terre était couverte de rosée.

149. *Quels hommes choisit Gédéon pour marcher contre les Madianites ?* Dieu, voulant que les Israélites ne pussent attribuer leur délivrance à leurs propres forces, ordonna à Gédéon de conduire son armée au bord du Jourdain, et de ne choisir pour l'accompagner que ceux qui boiraient dans le creux de leurs mains ; ils se trouvèrent au nombre de trois cents ; les autres se retirèrent.

150. *Que firent Gédéon et ces trois cents*

soldats? Armés de trompettes et de pots de terre renfermant des torches allumées, les Hébreux entrèrent de nuit dans le camp des Madianites ; puis ils brisèrent les pots qu'ils enaient dans leurs mains et se mirent à crier de toutes leurs forces en brandissant leurs torches : *L'épée du Seigneur et de Gédéon !* Ils mirent ainsi une horrible confusion dans le camp de leurs ennemis, qui s'entre-tuèrent eux-mêmes (1).

151. *Après la mort de Gédéon, par qui les Israélites furent-ils gouvernés?* Voulant reconnaître les services que Gédéon leur avait rendus, les Israélites lui avaient offert le titre de roi pour lui et sa postérité ; mais Gédéon, toujours humble, avait refusé cet honneur ; à sa mort, Abimélec, l'un de ses 71 enfants, homme cruel et orgueilleux, se fit élever roi de Sichem, après avoir fait massacrer tous ses frères, et gouverna avec tyrannie.

152. *Comment finit le tyran Abimélec?* Après avoir brûlé la ville de Sichem, Abimélec voulut encore incendier une citadelle dans laquelle s'étaient réfugiés un grand nombre

(1) 1349 ans avant J. C., l'an du monde 3614.

d'Israélites ; mais, s'étant approché des murailles, il fut blessé mortellement par une femme qui lui jeta sur la tête un éclat de meule de moulin. Ne pouvant souffrir qu'on dît qu'il mourait de la main d'une femme, il ordonna à un de ses écuyers de le tuer.

153. *Quels juges succédèrent au tyran Abimélec?* Tolah, de la tribu d'Issachar, et Jaïr de Galaad, de la tribu de Gad, gouvernèrent les Israélites après la mort d'Abimélec ; mais ils ne firent rien de bien remarquable.

154. *Que devinrent les Israélites après la mort de ces deux chefs?* Les Israélites furent de nouveau subjugués par les Philistins et les Ammonites, parce qu'ils oublièrent les bienfaits du Seigneur pour se livrer au culte des idoles.

Jephté, vainqueur d'Ammon, a cessé d'être père.
Aux Philistins Samson fait sentir sa colère.

155. *A qui les Israélites durent-ils cette fois leur délivrance?* Les Israélites furent délivrés de l'oppression des Philistins et des Ammonites par Jephté, qui, pour obtenir la victoire, promit à Dieu de sacrifier à son re-

tour ce qui se présenterait le premier à sa vue. Ce fut sa fille unique qui venait au-devant de lui en dansant, et elle fut immolée au bout de deux mois. D'autres auteurs disent qu'elle fut consacrée au service de Dieu et vouée à la virginité (1).

156. *Qui était Samson, successeur de Jephté, et quelle fut sa première éducation?* Samson, de la tribu de Dan, était fils de Manué ; un ange vint annoncer à ses parents qu'il serait *Nazaréen*, c'est-à-dire consacré à Dieu dès sa naissance, et leur apprendre comment ils devaient l'élever ; on ne lui coupa point les cheveux, on ne lui fit point boire de vin ni de toute autre liqueur qui enivre, et il devint le plus fort de tous les hommes.

157. *Par quel exploit Samson commença-t-il à faire connaître sa force?* Samson fit connaître de bonne heure ce qu'il serait par la suite ; un jour il rencontra dans son chemin un lionceau qui, écumant de rage, venait à lui : il le prit par la queue et le déchira en pièces.

158. *Comment se vengea-t-il des Philistins qui l'avaient offensé?* Une autre fois, les

(1) 1243 ans avant J. C., l'an du monde 3720.

Philistins lui ayant fait une injure, Samson, pour s'en venger, brûla leurs moissons en lâchant trois cents renards à la queue desquels il avait attaché des brandons de feu et des torches allumées (1).

159. *Quel exploit fit-il après avoir brisé ses fers ?* Malgré sa force, Samson était tombé entre les mains des Philistins, qui voulurent l'emmener dans leur camp : il se saisit alors de la mâchoire d'un âne et s'en servit pour mettre en fuite trois mille hommes qui l'escortaient, et pour assommer plus de mille Philistins ; puis, comme il était pressé par la soif, il invoqua Dieu qui fit jaillir d'une des dents de cette mâchoire une source d'eau pour le désaltérer.

160. *Comment la vigilance des Philistins fut-elle encore trompée par Samson ?* Un jour que Samson était entré dans Gaza, ville philistine, pour y passer la nuit, ses ennemis l'attendirent pour le tuer le matin, lorsqu'il sortirait ; mais, pendant la nuit, il alla prendre les portes de la ville, les mit sur ses épaules et les porta sur une montagne voisine.

(1) 1172 ans avant J. C., l'an du monde 3791.

161. *Comment Dalila, sa femme, le trahit-elle ?* Ne pouvant vaincre Samson par la force, les Philistins résolurent de gagner sa femme Dalila, née dans leur pays ; elle se laissa corrompre, et apprit de son mari que toute sa force consistait dans ses cheveux ; un jour, pendant qu'il dormait, elle les lui coupa et le livra ensuite aux Philistins, qui lui crevèrent les yeux et lui firent tourner une meule de moulin.

162. *Quelle fut la fin de Samson ?* La force de Samson lui revint avec ses cheveux, et, au milieu d'une fête où les Philistins l'avaient amené pour l'insulter, il ébranla les colonnes d'un temple et s'ensevelit sous cet édifice avec 3,000 personnes.

163. *Quels revers éprouvèrent les Hébreux après la mort de Samson ?* Les Philistins, délivrés de Samson, levèrent une nombreuse armée et vinrent attaquer les Israélites, qui étaient alors gouvernés par le grand prêtre Héli. Dans une bataille sanglante, les Israélites perdirent 30,000 hommes, et Dieu permit que les ennemis s'emparassent de l'arche d'alliance.

Pour ses coupables fils père trop indulgent,
De sa faiblesse Héli porte le châtiment.
Samuel de ses fils voit la coupable audace.
Des juges désormais les rois prennent la place.
Ruth avec Noémi revient à Bethléem,
Et sa postérité règne à Jérusalem.

164. *Quel malheur éprouva le grand prêtre Héli dans cette guerre?* Le grand prêtre Héli, vénérable par sa piété, s'était cependant montré trop indulgent envers ses enfants Ophni et Phinéès, qui se rendirent coupables d'actions criminelles. Dieu permit qu'ils perdissent la vie dans cette bataille.

165. *Quelle fut la fin du pontife Héli?* Lorsqu'il apprit la défaite du peuple de Dieu et la prise de l'arche d'alliance, Héli tomba de son siége à la renverse et se brisa la tête (1).

166. *Que devint l'arche d'alliance?* Les Philistins transportèrent d'abord l'arche d'alliance à Azoth, dans le temple de leur dieu Dagon ; mais sa présence ayant renversé l'idole, et Dieu ayant frappé ce peuple d'un grand nombre de maux, les Philistins prirent le parti de la renvoyer aux Israélites.

167. *Qui Dieu désigna-t-il pour délivrer*

(1) 1112 ans avant J. C., l'an du monde 3851.

les Israélites des mains des Philistins? La délivrance des Israélites fut opérée par Samuel, que Dieu avait choisi pour succéder au grand prêtre Héli (1).

168. *Quelle fut l'enfance de Samuel?* Dès son jeune âge, Samuel avait été consacré à Dieu par son père Elcana et sa mère Anne. Il avait été présenté au grand prêtre Héli, qui l'éleva dans le temple.

169. *Comment Dieu fit-il connaître à Samuel qu'il le destinait à remplacer Héli?* Une nuit que Samuel encore enfant dormait profondément dans le tabernacle, Dieu l'appela plusieurs fois et lui ordonna d'avertir le grand prêtre Héli des malheurs qui devaient lui arriver, ainsi qu'à sa famille.

170. *Que fit Samuel à la mort d'Héli?* Samuel parcourut toutes les tribus et exhorta le peuple à revenir à Dieu ; puis il releva le courage des Israélites ; et, après avoir obtenu le secours du ciel par ses prières, il les délivra de la tyrannie des Philistins.

171. *Pourquoi les Israélites cessèrent-ils*

(1) 1092 ans avant J. C., l'an du monde 3871.

d'être gouvernés par des juges? Samuel, étant devenu vieux, avait établi ses fils pour juger le peuple à sa place ; mais ils étaient aussi déréglés dans leurs mœurs que les enfants d'Héli. Ils lassèrent tellement les Israélites, que ceux-ci demandèrent à Samuel, malgré ses remontrances, à être gouvernés par un roi.

172. *Quelle histoire l'Écriture sainte place-t-elle vers le temps de Gédéon ?* L'Écriture sainte place vers le temps où Gédéon gouvernait les Hébreux l'histoire de Ruth, qui se fit connaître par sa piété filiale.

173. *Qui était Ruth?* Ruth était une femme moabite qui épousa l'Israélite Mahalon, fils de Noémi.

174. *Comment Ruth se conduisit-elle envers sa belle-mère Noémi?* Ruth, ayant perdu son mari, aima mieux quitter le pays des Moabites plutôt que d'abandonner sa belle-mère Noémi, et elle vint avec cette dernière habiter Bethléem.

175. *Que devint Ruth à Bethléem ?* Ruth et Noémi arrivèrent à Bethléem au temps de la moisson ; comme elles n'avaient aucune ressource, Ruth obtint de Noémi la permission

d'aller glaner ; Dieu la dirigea dans le champ de Booz, homme de bien, et l'un des riches parents de son mari.

176. *Quel événement heureux vint récompenser Ruth de sa piété filiale?* Booz, ayant appris la conduite de Ruth envers sa mère, l'épousa, selon la loi des Israélites, et de ce mariage naquit un fils nommé Obed, qui fut père d'Isaï ou Jessé et aïeul de David : c'est de sa famille que naquit le Sauveur.

MOEURS ET COUTUMES DES HÉBREUX.

177. *Quelles étaient les mœurs des Hébreux avant l'établissement de la monarchie?* Les mœurs des Hébreux étaient en général pures et simples comme celles des peuples pasteurs. Pleins d'affabilité et très-hospitaliers entre eux, ils fuyaient la société des peuples étrangers, et c'est ce qui contribua à conserver parmi eux la pureté des mœurs.

178. *Quelle était chez les Juifs l'éducation des jeunes garçons ?* L'éducation commençait en quelque sorte dès la naissance. Les mères ne se dispensaient pas de nourrir leurs enfants.

Le père accoutumait son fils à lever les fardeaux, à tirer de l'arc, à lancer la fronde, à combattre contre les animaux farouches ; il l'initiait aux exercices militaires ; il lui enseignait encore tout ce qui regarde l'agriculture. Il ornait son esprit de maximes solides et lui persuadait surtout que « la crainte du Seigneur est le commencement de la sagesse. » Le premier-né d'entre les enfants mâles était consacré à Dieu.

179. *Quelle était l'éducation des jeunes filles ?* La mère apprenait à sa fille à remplir toutes les fonctions du ménage, à pétrir avec adresse, à filer, à travailler à l'aiguille et à fabriquer des étoffes; elle inculquait aussi dans son esprit les principes d'une morale douce et ferme à la fois, et capable d'en faire une femme sage, modeste et charitable.

Les pères et les mères étaient encore obligés, par la loi, d'apprendre à leurs enfants les grandes choses que Dieu avait faites en faveur de son peuple, et de leur expliquer l'origine des fêtes et les cérémonies qui s'y observaient.

180. *Y avait-il des écoles publiques chez les Hébreux?* Il n'y avait point d'écoles publiques

chez les Israélites ; l'éducation se faisait dans la maison paternelle et surtout par l'entretien des vieillards. L'*Écriture sainte*, c'est-à-dire les livres qui contenaient la loi de Dieu, était la principale étude des enfants.

181. *Quelle était la seule langue étudiée par les Hébreux ?* Ce peuple, se tenant éloigné des étrangers, ne s'appliquait qu'à l'étude de la langue hébraïque, la plus ancienne, la plus simple, la plus énergique qu'on ait jamais parlée sur la terre.

182. *Quels moyens employait-on pour se faire comprendre des enfants, et qu'apprenaient-ils particulièrement ?* Pour mieux se faire comprendre des enfants, on employait des narrations, des paraboles, des allégories, qui renfermaient des maximes de morale toujours exprimées en peu de mots, afin qu'ils pussent facilement les retenir.

Une partie de l'éducation consistait à apprendre les cantiques de Moïse et des autres prophètes. Plus tard, on comprit dans les études les psaumes de David. Comme ces poésies divines se chantaient, on prenait nécessairement une teinture de la musique.

183. *De quoi les chants étaient-ils accompagnés ?* Les chants étaient accompagnés de danses ; les jeunes filles formaient souvent des chœurs ; et, après une victoire, elles se rendaient en sautant et en chantant au-devant des vainqueurs pour les féliciter. Excepté ce cas, elles ne paraissaient jamais en public avant leur mariage.

184. *Quels étaient les habits des Hébreux* Les habits des Hébreux étaient toujours les mêmes. La beauté des vêtements consistait dans la finesse des étoffes ou dans les couleurs. L'habillement des hommes était composé de la tunique et du manteau. Une ceinture plus ou moins riche serrait la tunique et supportait l'épée.

Les femmes étaient très-recherchées dans leur parure ; elles portaient une tunique et un grand voile qui leur servait de manteau. L'or, les pierreries, les broderies étaient prodigués sur leurs tuniques et sur leur coiffure, qui consistait en une espèce de turban.

Les hommes laissaient croître leur barbe ; tout le monde portait des sandales : les bains et les parfums étaient d'un fréquent usage.

185. *En quoi consistaient les richesses des Hébreux?* Les richesses des Hébreux consistaient particulièrement dans leurs champs et dans leurs troupeaux. Chaque Israélite cultivait la portion de la terre qui lui était échue, et c'était la même qui avait été donnée à ses ancêtres du temps de Josué. Avant de faire usage de leurs récoltes, les Hébreux en offraient les *prémices* à Dieu.

186. *Qu'y a-t-il à remarquer sur les villes et sur les maisons des Hébreux?* En sortant de l'Égypte, les Israélites vécurent sous des tentes ; ils n'eurent des villes et des maisons que lorsqu'ils eurent conquis le pays de Chanaan. Leurs rues n'étaient point pavées, mais elles étaient toujours propres. Les lieux principaux étaient la *porte*, où l'on rendait la justice, et le *marché*, où se vendaient les denrées.

Les Israélites eurent longtemps une architecture qui leur était propre. Leurs lois exigeaient, surtout pour les bains, que des distributions particulières d'appartements fussent faites dans les maisons.

187. *A quels arts et quels métiers s'adon-*

naient les Israélites? Les Israélites ne se livraient pas au commerce ; ils étaient laboureurs et conduisaient eux-mêmes leurs troupeaux. Ce n'est que sous les rois David et Salomon que l'on vit paraître des maçons, des charpentiers, des forgerons, des orfévres, etc. Avant eux, on connaissait peu ces états, ou plutôt on ne s'en occupait pas exclusivement. Les marchandises de luxe, en général, et les étoffes venaient de Tyr et de l'Égypte.

Il y avait une grande simplicité dans les meubles; ce n'était que pour le temple qu'était réservée toute la magnificence de la vaisselle d'or et d'argent.

188. *Quelles étaient les différentes conditions chez les Israélites?* Chez les Hébreux, il n'y avait d'autres dignités que celles des lévites et des sacrificateurs, qui devaient exclusivement descendre de la famille d'Aaron ; les tribus les plus distinguées étaient celles de Juda et d'Éphraïm ; on considérait encore les branches aînées et les chefs de famille : c'est pourquoi le nom de vieillard était un nom de dignité. Chez ce peuple, tout homme en état de porter les armes était soldat.

189. *Qu'y a-t-il à remarquer sur les mariages?* Les époux, dans leurs plus beaux habits, et portant des couronnes, en signe de joie, étaient bénits par le chef de la famille; les noces duraient sept jours. C'était un honneur d'avoir beaucoup d'enfants, et un opprobre pour une femme mariée de n'être point mère. Le frère épousait la veuve de son frère, quand il était mort sans enfants, et s'il naissait des enfants de ce mariage, ils étaient considérés comme les descendants du défunt.

190. *Quelle coutume particulière ordonnait la loi de Moïse?* Outre les bains de propreté, la loi de Moïse ordonnait encore aux Juifs les purifications. Quiconque avait touché un corps mort ou un animal impur était obligé de se baigner et de laver ses habits.

191. *Pourquoi la loi de Moïse défendait-elle aux Juifs l'usage de certains aliments?* Moïse, en défendant aux Juifs de manger de certains animaux réputés impurs, comme le porc, et de certaines graisses, ne voulut pas seulement exercer leur obéissance; il voulut encore les détourner de l'usage d'aliments nuisibles à la santé, d'une digestion difficile, et pouvant, dans ces climats chauds, causer ou entretenir des maladies de peau, et notamment la lèpre.

192. *Qu'y a-t-il à remarquer sur les funérailles ?* Les Hébreux regardaient comme une malédiction que leurs corps ou ceux de leurs amis fussent exposés à être déchirés par les bêtes ; mais c'était une consolation de reposer dans le tombeau de ses pères. Les funérailles n'étaient accompagnées d'aucune cérémonie religieuse : il était même défendu aux prêtres d'y assister, à moins que le défunt ne fût un de leurs proches. On enterrait les gens du commun et l'on embaumait les personnes considérables. Quelques tombeaux étaient taillés dans le roc, d'autres étaient dans des jardins ou sur les chemins. Lorsqu'on portait un corps en terre, ceux qui assistaient au convoi avaient des habits de deuil et faisaient des lamentations à haute voix.

193. *En quoi consistaient les marques extérieures du deuil ?* En signe de deuil on se couvrait la tête de cendres ; on portait des habits sales et déchirés, ou bien on s'enveloppait d'une espèce de sac d'une étoffe grossière ; on demeurait enfermé, on parlait peu, on ne mangeait qu'après le coucher du soleil. Ce deuil durait sept jours.

CINQUIÈME AGE DU MONDE

DEPUIS LES ROIS DES JUIFS, 1080 ANS AVANT J. C.
JUSQU'A LA FIN DE LA CAPTIVITÉ DES JUIFS A
BABYLONE, 536 ANS AVANT J. C.

(*Espace de 544 ans.*)

Saül, choisi de Dieu pour porter la couronne,
Enfreint l'ordre du ciel, et le ciel l'abandonne.
Il voit tomber ses fils, et, pour trancher ses jours,
D'un bras amalécite invoque le secours.

194. *Dans quelle circonstance Saül fut-il sacré roi?* Un jour que Saül allait chercher les ânesses de son père, il rencontra Samuel, qui le sacra roi par l'ordre de Dieu (1).

195. *Que fit Saül lorsqu'il fut sacré roi?* Avec une nombreuse armée, Saül attaqua les Ammonites, qui assiégeaient la ville de Gabès, dans le pays de Galaad, les mit en déroute et délivra la ville; puis, secondé par Jonathas, son fils, il défit complétement les Philistins.

(1) 1080 ans avant J. C., l'an du monde 3883.

196. *Qu'arriva-t-il à Saül au milieu de ses victoires?* Dieu réprouva Saül parce qu'il lui désobéit deux fois : 1° en exerçant en l'absence de Samuel les fonctions sacerdotales ; 2° en épargnant Agag, roi des Amalécites, et en se réservant ses troupeaux.

197. *Quel malheur éprouva Saül après qu'il eut été abandonné de Dieu?* Saül fut saisi d'une sombre fureur, dont les transports l'agitaient violemment par intervalles.

198. *Que fit alors le prophète Samuel?* D'après l'ordre de Dieu, Samuel se rendit à Bethléem, et, après avoir offert un sacrifice, il sacra roi, en présence de ses frères, David, dernier fils d'Isaï (1).

199. *Que devint David?* Saül faisant chercher quelqu'un qui sût jouer de la harpe pour le calmer lorsque l'esprit malin s'emparait de lui, un de ses officiers lui parla de David, qui excellait sur cet instrument ; Saül le fit demander à Isaï et en fit son écuyer.

200. *Par quel exploit se signala David?* David tua le Philistin Goliath d'un coup de

---

(1) 1048 ans avant J. C., l'an du monde 3915.

fronde et coupa ensuite la tête à ce géant, qui insultait les Israélites et qui les faisait trembler à son aspect.

201. *Quelle fut la récompense de David pour avoir tué Goliath?* David obtint en mariage Michol, fille de Saül, et par cette alliance il resserra ses liens d'amitié avec Jonathas, frère de Michol.

202. *Comment Saül se conduisit-il ensuite contre David?* Saül donna ensuite à David le commandement d'un corps de troupes ; mais, ayant conçu une grande jalousie contre lui, à cause des succès qu'il obtenait sur les Philistins, il le traita comme un ennemi, quoique, par ses services, David fît tout pour le gagner.

203. *Jusqu'où alla l'acharnement de Saül contre David?* Saül, n'ayant pu joindre David pour le tuer, fit mourir des prêtres qui l'avaient reçu chez eux.

204. *Quelle fut la conduite généreuse de David envers Saül?* Un jour que Saül était entré seul dans une caverne où David se tenait caché avec ses gens, on conseillait à ce dernier de profiter de l'occasion pour se ven-

ger de son ennemi. *A Dieu ne plaise,* dit David, *que je mette la main sur mon maître et sur l'oint du Seigneur!* Au lieu de le tuer, il lui coupa seulement un morceau de sa robe; une autre fois David pénétra dans la tente de Saül, pendant qu'il était endormi, et se contenta d'emporter sa lance et sa coupe.

205. *Que fit David pour fuir la colère de Saül?* David, pour éviter la colère de Saül, se retira à Siceleg, dans le pays des Philistins, d'où il se rendit redoutable aux Amalécites.

206. *Que fit Saül avant de marcher contre les Philistins, qui avaient de nouveau déclaré la guerre aux Israélites?* L'esprit de Dieu s'étant retiré de lui, Saül se rendit dans la ville d'Endor pour y consulter une magicienne que l'on appelait la Pythonisse; il apprit d'elle le mauvais succès de la guerre qu'il allait soutenir.

207. *Comment finit Saül?* Dangereusement blessé, et se voyant sur le point de tomber entre les mains des Philistins, Saül se jeta sur la pointe de son épée, après avoir prié inutilement son écuyer de le tuer (1).

(1) 1040 ans avant J. C., l'an du monde 3923.

David règne avec gloire, et sa haute vaillance
Fait à ses ennemis redouter sa puissance.
Ses pleurs d'un double crime obtiennent le pardon ;
Il déplore la fin du rebelle Absalon.

208. *Que devint David après la mort de Saül?* David se rendit à Hébron, où il fut proclamé roi par ceux de la tribu de Juda ; après la mort d'Isboseth, fils de Saül, il fut reconnu par toutes les tribus d'Israël (1).

209. *Quelle fut la première expédition de David après qu'il eut été sacré roi?* David s'empara d'abord de Jérusalem et de la forteresse nommée Sion ; la ville était habitée par les Jébuséens ; il en fit la capitale de ses États et y établit sa demeure ; c'est pour cela que cette ville fut appelée *Ville de David.*

210. *Que fit David après avoir vaincu ses ennemis?* L'arche d'alliance avait été presque oubliée pendant le règne de Saül, David la fit transporter dans son palais, sur la montagne de Sion.

211. *Quel grand crime commit David parvenu au comble de la prospérité?* Vainqueur de ses ennemis, tant au dedans qu'au dehors, et devenu puissant par sa valeur, David vou-

(1) 1033 ans avant J. C., l'an du monde 3930.

lut épouser Bethsabée, quoiqu'elle fût déjà l'épouse d'un de ses plus braves officiers, nommé Urie ; et, pour accomplir ce projet, il donna l'ordre d'exposer Urie dans un endroit périlleux et de l'y laisser périr sans secours.

212. *Qui vint ouvrir les yeux de David en cette circonstance?* Dieu envoya vers David le prophète Nathan, qui lui reprocha son double crime et lui annonça les malheurs qui allaient l'accabler.

213. *Comment Dieu punit-il David de son crime?* Dieu permit que la discorde se mît entre ses enfants et les portât à toutes sortes d'excès.

214. *Quelle fut la conduite d'Absalon envers David?* Absalon, le plus chéri des enfants de David, se révolta contre son père et voulut le détrôner ; mais il fut attaqué par Joab, qui le poursuivit.

215. *Comment mourut Absalon ?* S'étant trouvé suspendu aux branches d'un arbre par sa chevelure très-épaisse, Absalon fut percé d'un coup de lance par Joab, qui, en cela, enfreignit la défense de David.

216. *Que devint David après que la révolte*

de son fils eut été apaisée? David, qui avait été obligé de quitter Jérusalem pour ne pas tomber entre les mains d'Absalon, et qui avait supporté avec résignation les malheurs prédits par le prophète Nathan, revint dans sa capitale et pardonna à tous ses ennemis.

217. *Quel projet blâmable eut David après que la paix eut été rétablie en Israël?* David voulut, par orgueil, profiter de la tranquillité dont jouissaient ses États pour connaître sa puissance, en faisant faire le dénombrement de ses sujets; ses officiers firent le tour de son royaume, et après neuf mois, ils revinrent à Jérusalem et lui annoncèrent qu'ils avaient trouvé, parmi le peuple, 1,570,000 hommes en état de porter les armes, sans compter la tribu de Lévi ni celle de Benjamin.

218. *Quelle fut la punition de cet orgueil du roi?* Dieu obligea David à faire choix entre trois fléaux qui ravageraient son royaume, savoir: une famine de trois années, une guerre de trois mois, ou une peste de trois jours. David choisit la peste, qui fit mourir 70,000 de ses sujets.

219. *Que fit David lorsqu'il fut devenu*

vieux? A la sollicitation de Bethsabée et d'après les conseils du prophète Nathan, David fit sacrer roi Salomon, l'un de ses plus jeunes fils, quoique Adonias, l'aîné de tous, eût montré des prétentions à la couronne.

220. *Quelles furent les dernières actions de sa vie ?* David, se sentant près de sa fin, assembla les principaux chefs du peuple et tous les officiers de l'armée, leur recommanda d'observer la loi du Seigneur et de reconnaître son fils Salomon, à qui il ordonna de bâtir un temple en l'honneur de l'Éternel ; puis il mourut, après un règne glorieux de 40 ans (1).

221. *Quels ouvrages David a-t-il composés ?* David a composé, sous l'inspiration de l'Esprit-Saint, 150 *Cantiques* ou *Psaumes* qui contiennent l'expression de son profond repentir et des révélations sur le Messie. Dans ces Psaumes, il célèbre d'une manière sublime les grandeurs et les perfections de Dieu, ses œuvres, sa justice, sa puissance, sa miséricorde et ses bienfaits.

(1) 1001 ans avant J. C., l'an du monde 3962.

Salomon eut du ciel tous les dons en partage.
Ce grand roi fut longtemps des mortels le plus sage.
Sous son règne la paix fleurit en Israël ;
Un temple fut bâti digne de l'Éternel.
Mais des dieux étrangers esclave en sa vieillesse,
Par de honteux écarts il ternit sa sagesse.

222. *Que fit Salomon après la mort de David ?* Salomon, en montant sur le trône, punit les ennemis de son père, et, après avoir offert un sacrifice à Dieu, il lui demanda et en obtint le don de la sagesse.

223. *Dans quelle circonstance éclata la haute sagesse dont Dieu avait doué ce prince?* Salomon donna une preuve de sa haute sagesse dans un jugement qu'il rendit au sujet d'un enfant que deux femmes réclamaient, et dont chacune d'elles prétendait être la mère. Il les fit venir en sa présence et commanda qu'on partageât l'enfant, afin qu'elles en eussent chacune la moitié. L'une y consentit, mais l'autre aima mieux y renoncer que de le voir mourir, et Salomon, ayant par là reconnu la véritable mère, lui fit rendre son fils.

224. *Quel ouvrage entreprit Salomon dès qu'il fut affermi sur le trône?* Salomon fit bâtir le temple de Jérusalem, projeté par Da-

vid son père. Il employa sept années et environ 250,000 ouvriers à la construction de cet édifice ; puis il en fit en grande solennité la dédicace au Seigneur. Ce fut le premier temple élevé à la gloire du vrai Dieu.

225. *Quelle était alors la puissance de Salomon ?* Salomon ne régnait pas seulement sur Israël, il était encore maître de tous les États qui s'étendaient à l'orient jusqu'à l'Euphrate et au midi jusqu'à l'Égypte. Son alliance avec Hiram, roi de Tyr, permettait à ses flottes de faire un commerce considérable. Sa réputation s'étendit si loin que la reine de Saba vint du midi de l'Arabie pour le visiter.

226. *Comment Salomon ternit-il l'éclat de sa vie ?* Les richesses et les plaisirs amollirent le cœur de Salomon ; ce prince se livra dans sa vieillesse à un grand nombre de femmes étrangères, qui l'entraînèrent dans l'idolâtrie, et il accabla le peuple d'impôts. Depuis ce moment sa gloire alla toujours en déclinant. Peu de temps avant sa mort, il composa un livre connu sous le nom d'*Ecclésiaste,* où il déplore la vanité des grandeurs humaines. On a encore de lui des *Proverbes,* où se fait remarquer une grande sagesse.

Roboam voit bientôt Israël maltraité
Échapper pour toujours à son autorité.
Benjamin et Juda, c'est tout ce qui lui reste.
Avec Jéroboam naît un schisme funeste.

227. *Que devint le royaume de Salomon après la mort de ce monarque?* Roboam, ayant refusé de diminuer les impôts excessifs que Salomon son père avait mis sur le peuple, indisposa dix des douze tribus, qui se révoltèrent, mirent à leur tête Jéroboam et formèrent le *royaume d'Israël;* les deux tribus de Juda et de Benjamin demeurèrent seules fidèles à Roboam et formèrent le *royaume de Juda* (1). Ainsi s'accomplit le châtiment que Dieu avait annoncé à Salomon : *Le royaume sera arraché à vos descendants, et il ne leur restera qu'une seule tribu, à cause des promesses que j'ai faites à David mon serviteur* (2).

ROIS D'ISRAEL.

Dès lors en Israël on voit l'impiété
Assise sur le trône avec la cruauté.

228. *Que fit Jéroboam, premier roi d'Is-*

(1) 962 ans avant J. C., l'an du monde 4001.
(2) La tribu de Benjamin était si peu nombreuse qu'on ne la comptait plus.

raël, *après que ses dix tribus se furent séparées du royaume de Roboam?* Jéroboam s'établit d'abord à Sichem, puis il transporta le siége de son royaume à Thersa, dans la Samarie, où demeurèrent ses successeurs, jusqu'à ce que la ville de Samarie fût bâtie ; et, pour empêcher ses nouveaux sujets d'aller à Jérusalem adorer le vrai Dieu, il fit élever deux veaux d'or aux deux extrémités de son royaume, l'un à Béthel et l'autre à Dan.

229. *Qu'arriva-t-il à Jéroboam après cette innovation?* Un prophète ayant brisé miraculeusement l'autel où s'offraient les sacrifices aux idoles, la main que Jéroboam tenait étendue vers lui de l'autel de ces idoles fut desséchée subitement ; puis, quelques moments après, le prophète le guérit. Mais ce miracle ne le convertit pas.

230. *Quelles conséquences eut la division du royaume de Salomon?* Cette séparation des deux royaumes eut les conséquences les plus funestes : les deux États furent toujours en guerre ; presque tous les rois furent mauvais ; les deux peuples, et particulièrement celui d'Israël, tombèrent dans l'ignorance ; le culte

de Dieu fut altéré, et les Hébreux préparèrent ainsi leur ruine.

231. *Dieu ne suscita-t-il pas quelquefois des hommes qui faisaient entendre la vérité aux peuples et aux rois ?* Le Seigneur suscita de temps en temps des hommes saints qui se firent respecter par leur piété et par leurs discours ; on les nommait *prophètes ;* animés de l'Esprit-Saint, ils firent souvent entendre la vérité aux rois et avertirent les peuples des malheurs qu'ils se préparaient.

Au malheureux Naboth Achab ôte la vie.
Baal est renversé par le prophète Élie.

232. *Parmi les successeurs de Jéroboam* (1) *quels sont les plus remarquables ?* Dans le nombre des rois qui régnèrent après Jéroboam, on peut citer *Amri*, qui, ayant transporté le siége royal à Samarie, fit de cette ville la capitale du royaume d'Israël (2), et *Achab*,

---

(1) *Nadab*, fils de Jéroboam, fut tué et remplacé par *Baasa*, qui, après un règne de 24 ans, laissa la couronne à son fils *Éla*. Ce dernier fut tué par *Zambri*, qui se brûla dans son palais, au bout de huit jours de règne, pour échapper à *Amri*.

(2) 907 ans avant J. C., l'an du monde 4056.

son fils, époux de Jésabel et père d'Athalie ; sous le règne de ce prince parut le prophète Élie, qu'il persécuta.

233. *Quelle était la cause de la haine que portait à Élie la famille d'Achab !* Achab s'étant rendu odieux par ses crimes et par son impiété, Élie alla le trouver de la part de Dieu et lui annonça qu'il n'y aurait ni pluie ni rosée pendant trois ans ; aussi les Israélites éprouvèrent-ils les horreurs de la famine.

234. *Comment Élie parvint-il à éviter la persécution d'Achab !* Pour se soustraire aux mauvais traitements qu'on voulait lui faire endurer, le prophète Élie se retira dans un désert au bord du torrent de Carith, où des corbeaux lui apportaient deux fois le jour sa nourriture ; puis, le torrent s'étant desséché, Dieu lui ordonna d'aller à Sarepta, dans le pays de Sidon.

235. *Que fit Élie à Sarepta ?* Le prophète Élie était sur le point d'entrer dans la ville de Sarepta, lorsqu'il rencontra une pauvre veuve, à laquelle il demanda de la nourriture ; et comme elle n'avait chez elle qu'un

peu d'huile et de farine, le prophète l'accompagna et multiplia cette petite provision jusqu'au moment où la pluie vint faire cesser la famine ; quelque temps après, le fils de cette pauvre veuve étant mort, Élie le ressuscita.

236. *Que fit ensuite le prophète ?* Élie revint à Samarie, fit reconnaître la puissance de l'Éternel, démontra l'imposture des prêtres de Baal et en fit exterminer 450 ; puis il obtint, par ses prières, qu'une pluie abondante vînt rafraîchir la terre desséchée depuis longtemps.

237. *Que fit Élie après avoir détruit l'autel et les prêtres de Baal ?* Poursuivi par l'ordre de Jésabel, qui voulait le faire mourir, le prophète Élie marcha pendant 40 jours et 40 nuits dans un désert, où un ange le nourrit miraculeusement.

Il alla à la montagne d'Horeb, où Dieu lui apparut, lui ordonna de choisir Élisée pour son disciple et d'aller à Damas, afin d'y sacrer Hazaël roi de Syrie et Jéhu roi d'Israël.

Il se présenta ensuite devant Achab et Jésabel, qui venaient de faire mourir l'innocent Naboth pour s'emparer de sa vigne, et leur prédit que des chiens lècheraient le sang d'Achab, comme ils avaient léché celui de Naboth, et qu'ils dévoreraient Jésabel.

238. *Que devint ensuite Élie ?* Après avoir fait beaucoup d'autres miracles, Élie fut enlevé au ciel dans un char de feu, à la vue de son disciple Élisée, auquel il laissa son manteau.

239. *Quels furent les principaux miracles opérés par Élisée que Dieu avait choisi pour remplacer Élie ?* 1° Élisée divisa miraculeusement, avec le manteau d'Élie, les eaux du Jourdain.

2° Il corrigea les mauvaises qualités des eaux de la fontaine de Jéricho, en y jetant un peu de sel.

3° Il multiplia l'huile d'une pauvre veuve jusqu'à ce qu'elle n'eût plus de vases pour la recevoir.

4° Il guérit d'une lèpre hideuse Naaman, ministre du roi de Syrie, en lui ordonnant de se laver sept fois dans les eaux du Jourdain.

5° Il ressuscita le fils d'une femme sunamite.

239 bis. *Qu'arriva-t-il au saint prophète sur la route de Béthel ?* Tandis qu'Élisée se rendait à Béthel, des enfants, étant sortis de la ville, se raillèrent de lui ; pour les punir de ce qu'ils offensaient Dieu dans la personne de son ministre, le prophète les maudit ; et bientôt après deux ours sortirent d'une forêt voisine et en dévorèrent quarante-deux.

 Ochosias, Joram règnent en Israël ;
 Les chiens viennent lécher le sang de Jésabel.
 De la race d'Achab Jéhu purge la terre.

240. *Comment s'accomplit la prédiction d'Élie touchant Achab, et qui régna après ce roi ?* Achab, faisant la guerre au roi de Syrie, fut percé d'une flèche et périt dans son char qui fut rempli de son sang. On remarqua que des chiens vinrent le lécher. Ses fils Ochosias et Joram occupèrent successivement le trône après lui et ne cherchèrent pas à faire oublier sa conduite ; alors Élisée envoya vers Jéhu, officier de Joram, un de ses disciples, qui le sacra roi d'Israël.

241. *Comment s'accomplit la prédiction d'Élie touchant Jésabel ?* Jéhu, après avoir exterminé tous les descendants d'Achab (1), fit jeter Jésabel d'une fenêtre ; elle fut foulée

---

(1) 876 ans avant J. C., l'an du monde 4087.

aux pieds des chevaux, et son corps fut dévoré par des chiens.

242. *A quoi Jéhu s'attacha-t-il particulièrement pendant son règne?* Jéhu s'appliqua à détruire le culte de Baal dans le royaume d'Israël; cependant on lui reproche d'avoir laissé subsister les veaux d'or que Jéroboam avait placés à Dan et à Béthel (1).

Joachas d'Hazaël devient le tributaire ;
Et la mort d'Élisée arrive sous Joas.
Ninive entend la voix du prophète Jonas.

243. *Qu'arriva-t-il à Jonas vers ce temps?* Le prophète Jonas, ayant reçu de Dieu l'ordre de se rendre à Ninive et d'y prêcher la pénitence, désobéit au Seigneur; au lieu de se rendre dans cette ville, il s'embarqua pour aller en Cilicie; mais une tempête s'étant élevée, les nautonniers, pour la calmer, jetèrent

---

(1) Les successeurs de Jéhu furent *Joachas*, son fils, sous le règne duquel les Israélites furent assujettis par Hazaël, roi de Syrie ; *Joas*, fils de Joachas, sous lequel mourut le prophète Élisée ; *Jéroboam II*, fils de Joas, prince guerrier, qui battit les Syriens et rétablit les anciennes limites du royaume de Jérusalem.

Plusieurs savants supposent après Jéroboam II un interrègne ou une interruption de 12 ans ; mais l'*Écriture sainte* n'en parle pas.

le prophète à la mer, où un énorme poisson le reçut dans son corps et le vomit sur le rivage au bout de trois jours.

244. *Que fit alors le prophète?* Jonas, rendu au jour, exécuta les ordres que Dieu lui avait donnés une seconde fois, et convertit les habitants de Ninive (1).

Par le meurtre Sellum succède à Zacharie.
Manahem obéit à Phul, roi d'Assyrie.
L'ambitieux Phacée immole Phacéias.
Salmanasar d'Osée envahit les États.

245. *Quels rois l'Ecriture désigne-t-elle après Jéroboam II?* Le successeur de Jéroboam II fut le roi *Zacharie*, tué au bout de six mois par *Sellum*, qui le fut lui-même un mois après par *Manahem*. Ce dernier gouverna avec la plus violente tyrannie et acheta l'alliance de Phul, roi d'Assyrie (2).

246. *Qu'arriva-t-il aux successeurs de Manahem?* Phacéias, fils de Manahem, fut tué au bout de deux ans par *Phacée*, général des troupes (3). Ce dernier, après plusieurs guerres

---

(1) 817 avant J. C., l'an du monde 4146.
(2) 766 ans avant J. C., l'an du monde 4197.
(3) 753 ans avant J. C., l'an du monde 4210.

malheureuses avec ses voisins, perdit les provinces situées au delà du Jourdain, et, après un assez long règne, il fut assassiné et remplacé par Osée, qui avait conspiré contre lui (1).

247. *Comment finit le royaume d'Israël!* Le roi Osée, ayant d'abord été assujetti à un tribut par Salmanasar, roi d'Assyrie, se révolta ensuite contre ce prince, qui assiégea et détruisit Samarie, massacra une partie des habitants et emmena le reste avec le roi en captivité à Ninive. Ainsi finit, 712 ans avant Jésus-Christ, le royaume d'Israël, qui avait duré 244 ans depuis Roboam.

Pour repeupler les environs de Samarie, Salmanasar y envoya du fond de l'Assyrie différentes nations qui mêlèrent au culte de l'Éternel une foule de pratiques superstitieuses et idolâtres; ces colonies formèrent un nouveau peuple connu sous le nom de *Samaritains*.

Tobie est à Ninive animé d'un saint zèle,
Des plus rares vertus il donne le modèle.

248. *Qui était Tobie, qui vécut pendant*

(1) 726 ans avant J. C , l'an du monde 4237.

cette captivité? Tobie était un saint homme de la tribu de Nephthali, qui vivait pendant la captivité de Ninive ; il s'était fait remarquer dès l'âge le plus tendre par sa piété. Il eut de sa femme Anne un fils qu'il éleva dans la crainte du Seigneur.

249. *Que devint Tobie dans la suite?* Emmené captif, ainsi que sa famille, avec les dix tribus d'Israël, Tobie trouva grâce devant le roi Salmanasar, qui lui donna un emploi considérable dans sa maison et qui lui permit d'aller partout où il voudrait.

250. *A quoi Tobie s'occupa-t-il?* Tobie profita de sa liberté pour aller visiter ceux de sa nation qui étaient captifs avec lui, et pour leur donner des secours et des avis salutaires. Dans une de ces excursions, il prêta à Gabélus, qui était de sa tribu, une somme d'argent considérable.

251. *Quelles furent encore les autres occupations de Tobie?* Les Israélites étant maltraités par Sennachérib, successeur de Salmanasar, Tobie s'appliqua à adoucir leurs maux et à donner la sépulture à ceux de ses frères que le roi d'Assyrie faisait mourir.

252. *Que lui arriva-t-il pendant qu'il se livrait à ces pieux devoirs?* Un jour qu'il était très-fatigué, le saint homme Tobie s'endormit au pied d'une muraille; de la fiente chaude tomba d'un nid d'hirondelles sur ses yeux, et il devint aveugle; ce malheur lui fit perdre tout ce qu'il possédait.

253. *Quel projet conçut Tobie?* Devenu malheureux, Tobie songea à redemander à Gabélus l'argent qu'il lui avait prêté; pour cela il lui envoya son fils.

254. *Quels secours Dieu envoya-t-il à la famille Tobie?* L'ange Raphaël, ayant revêtu une forme humaine, s'offrit au jeune Tobie pour l'accompagner dans son voyage. En chemin, il délivra son jeune compagnon d'un monstrueux poisson qui avait voulu le dévorer, tandis qu'il lavait ses pieds dans le Tigre; puis, d'après l'ordre de l'ange, le jeune Tobie en réserva le fiel, qui servit à rendre la vue à son père.

255. *Où l'ange Raphaël mena-t-il le jeune Tobie?* L'ange conduisit Tobie chez Raguel, parent de sa famille.

256. *Que fit le jeune Tobie lorsqu'il fut*

chez Raguel? D'après les conseils de l'ange, Tobie épousa Sara, fille de Raguel, qui lui apporta de grands biens, puis il revint auprès de son père après avoir reçu de Gabélus la somme que celui-ci devait à sa famille.

257. *Comment Tobie et son fils montrèrent-ils leur reconnaissance à l'ange?* Ne sachant comment exprimer à leur protecteur tout ce qu'ils ressentaient, Tobie et son fils voulurent l'engager à accepter la moitié de leurs biens ; mais ce messager du ciel, après les avoir invités à bénir Dieu, disparut sur-le-champ.

258. *Comment s'écoulèrent les dernières années de la vie de Tobie?* Tobie vécut dans une sainte joie jusqu'à l'âge de 102 ans, avançant toujours de plus en plus dans la crainte du Seigneur. Il vit les enfants de ses petits-fils ; tous ses descendants persévérèrent dans la vertu et furent aimés de Dieu et des hommes.

259. *Quels conseils le vieux Tobie, près de mourir, donna-t-il à ses enfants?* Lorsque Tobie sentit que le temps de sa mort était venu, il appela son fils et ses petits-fils et leur dit : « Servez le Seigneur selon la vérité et attachez-vous à faire ce qui lui est agréable.

« Recommandez à vos enfants de faire des
« bonnes œuvres et des aumônes, de conser-
« ver le souvenir de Dieu et de le bénir en
« tout temps. »

ROIS DE JUDA.

Roboam étant mort, son fils règne en Juda.
La couronne après lui passe au pieux Asa.
De la loi Josaphat observateur fidèle,
Pour instruire les Juifs déploya tout son zèle.
Joram se signala par sa perversité,
Mais ne fut pas méchant avec impunité.

260. *Dites les noms des premiers rois qui régnèrent en Juda, et ce qu'ils ont fait de remarquable.* Roboam fut vaincu par Sésac, roi d'Égypte, et lui paya un tribut (1).

Abia, protégé du ciel, défit Jéroboam, roi d'Israël (2).

Asa remporta une victoire complète sur Zara, roi d'Égypte (3).

Josaphat envoya par tout son royaume des lévites et des docteurs pour instruire le peuple et faire fleurir la religion (4) ; il vainquit

---

(1) 962 ans avant J. C., l'an du monde 4001.
(2) 946 ans avant J. C., l'an du monde 4017.
(3) 944 ans avant J. C., l'an du monde 4019.
(4) 904 ans avant J. C., l'an du monde 4059.

les Moabites et les Ammonites, qui avaient fait une irruption dans son royaume. Le prophète Jéhu lui reprocha cependant d'avoir donné du secours à Achab et d'avoir permis que la cruelle Athalie, fille de ce prince, épousât son fils Joram.

Joram, pour complaire à sa femme Athalie, fille d'Achab et de Jésabel, fit mourir tous ses frères et dressa des autels aux faux dieux (1). Dieu permit que son royaume fût envahi par les Philistins et les Arabes; sa famille fut emmenée en captivité; il ne lui resta que le plus jeune de ses enfants, nommé Ochosias.

Son fils Ochosias à Joram s'associe.
Un trait mortel l'atteint au retour de Syrie.
Athalie égorgea les fils d'Ochosias;
A sa mort, sur Juda régna l'ingrat Joas.

261. *Quelle fut la conduite d'Ochosias?* Ochosias, ayant succédé à son père Joram (2), marcha dans les voies de la maison d'Achab; il fit alliance avec Joram, fils d'Achab et de Jésabel, frère de sa mère Athalie, et alla avec

(1) 880 ans avant J. C., l'an du monde 4083.
(2) 877 ans avant J. C., l'an du monde 4086.

ce prince attaquer les Syriens; mais il fut tué par Jéhu après un règne très-court.

262. *Quelles atrocités commit Athalie après la mort de son fils Ochosias?* Athalie, pour régner seule en Juda, fit mourir tous les princes de la maison royale; elle pilla le temple, afin d'enrichir les autels de Baal (1).

263. *Un fils d'Ochosias n'échappa-t-il pas à la mort?* Joas, le plus jeune des enfants d'Ochosias, fut caché par sa tante Josabeth, femme de Joïada, grand prêtre; ce jeune prince fut élevé à l'ombre des autels, et remplit les fonctions des jeunes lévites.

264. *Que fit le grand prêtre Joïada lorsque Joas eut atteint sa septième année?* Voulant délivrer son pays de la tyrannie d'Athalie, le grand prêtre Joïada fit venir des lévites de tous les côtés, sacra Joas (2) et le fit reconnaître pour roi légitime.

265. *Comment finit Athalie?* Athalie, étant accourue dans le temple pour s'emparer de Joas, fut tuée par les ordres de Joïada, et termina ainsi une vie remplie de crimes.

266. *Quelle fut la conduite de Joas par-*

---

(1) 876 ans avant J. C., l'an du monde 4087.
(2) 870 ans avant J. C., l'an du monde 4093.

venu au trône? Tant que Joas suivit les conseils de Joïada, il régna avec justice; mais après la mort de ce pontife, il permit le rétablissement de l'idolâtrie, fit mourir Zacharie, fils de Joïada, qui lui parlait avec fermeté, et fut ensuite réduit à livrer les trésors du temple à Hazaël, roi de Syrie, qui avait pris Jérusalem. Il fut tué dans une conspiration après un règne de quarante ans.

Amazias est pris dans une guerre injuste.
Azarias usurpe un ministère auguste;
De ce crime la lèpre est le prompt châtiment.
Le ciel fait prospérer le pieux Joathan.
Indigne d'un tel père, Achaz, monarque impie,
Ferme le temple saint, à Moloch sacrifie.

267. *Nommez les rois qui ont régné immédiatement après Joas, et dites ce qu'ils ont fait de plus remarquable. Amazias* (1) remporta une victoire sur les Iduméens; mais il fut vaincu par Joas, roi d'Israël, qui le mena en triomphe dans Jérusalem.

Azarias (2) remporta de nombreuses victoires, tant qu'il suivit les conseils du prophète Zacharie; il protégea l'agriculture et

(1) 851 ans avant J. C., l'an du monde 4132.
(2) 803 ans avant J. C., l'an du monde 4160.

parvint à un haut degré de puissance ; mais, ayant voulu offrir lui-même de l'encens sur l'autel, il fut aussitôt frappé par la main de Dieu dans le temple même et couvert d'une lèpre affreuse, ce qui l'obligea, d'après la loi des Juifs, à laisser le gouvernement à son fils Joathan et à s'isoler de la société des hommes.

Joathan (1) régna selon la loi du Seigneur.

Achaz (2) ferma le temple du vrai Dieu et se livra au culte des idoles ; il éleva des autels à Baal et à Moloch et s'abandonna aux plus grandes superstitions. Dieu, pour le punir, permit que son royaume fût ravagé par ses ennemis, et lui-même fut emmené captif à Damas par Théglath-Phalasar, roi d'Assyrie.

> Son fils Ézéchias est un des plus saints rois :
> Du Seigneur avec soin il fait garder les lois,
> Et ne réclame point en vain son assistance.
> L'ange exterminateur s'arme pour sa défense,
> Fond sur Sennachérib ; il attaque et détruit
> Le camp assyrien en une seule nuit.
> Le Seigneur à sa vie ajoute quinze années.

268. *Quel fut le successeur du roi Achaz ?*
Ézéchias, fils d'Achaz, monta sur le trône

(1) 725 ans avant J. C., l'an du monde 4211.
(2) 737 ans avant J. C., l'an du monde 4226.

après son père, et se distingua par sa piété (1).

269. *Comment le roi Ezéchias signala-t-il son avénement au trône?* Ézéchias, dès les premiers mois de son règne, détruisit les idoles des faux dieux et purifia le temple, puis invita tous les Israélites à venir célébrer la pâque à Jérusalem. Fort de la protection qu'il avait obtenue du ciel, il refusa de payer aux Assyriens le tribut honteux qu'ils avaient imposé à son père.

270. *Quel prophète seconda le saint roi Ezéchias?* Le prophète Isaïe contribua par ses sages conseils à la prospérité du règne d'Ézéchias; il avait commencé à prophétiser sous le règne d'Azarias, mais la perversité des Juifs était alors si grande que tous ses avis furent méprisés.

271. *Quelle protection Ezéchias obtint-il de Dieu?* Ayant été attaqué d'une maladie dangereuse, Ézéchias se préparait à mourir, lorsque le prophète Isaïe vint lui annoncer que le Seigneur ajoutait encore quinze années à sa vie.

272. *Quel danger courut Ezéchias?* Sennachérib, roi d'Assyrie, irrité de ce qu'Ézéchias

---

(1) 723 ans avant J. C., l'an du monde 4240.

avait refusé de lui payer le tribut auquel Achaz avait été assujetti, vint ravager ses États avec une armée considérable et mettre le siége devant Jérusalem; puis, dans une lettre pleine de blasphèmes contre le vrai Dieu, il ordonna au roi de se soumettre.

273. *Que fit Ézéchias dans ce pressant danger?* Soutenu par les conseils du prophète Isaïe que Dieu lui envoya, Ézéchias prit toutes ses mesures pour mettre Jérusalem en état de défense; mais ce fut surtout à la prière qu'il eut recours, et il n'attendit sa délivrance que de la protection divine.

274. *Par quel miracle Ézéchias fut-il délivré de ses ennemis?* Dieu, touché des prières d'Ézéchias, envoya l'ange exterminateur, qui tua 180,000 hommes de l'armée de Sennachérib, et ce roi barbare, obligé de retourner honteusement à Ninive, périt lui-même quelque temps après, assassiné par deux de ses enfants.

Ses traces par son fils furent abandonnées;
Et l'on voit Manassès, idolâtre et cruel,
Sur sa tête attirer la vengeance du ciel.
Il languit dans les fers captif à Babylone,
Se repent et bientôt Dieu lui rend sa couronne.

275. *Quel crime commit Manassès, fils et successeur d'Ezéchias?* Manassès rétablit les idoles que son père Ezéchias avait détruites, remplit Jérusalem de sang et fit mourir cruellement Isaïe, qui lui adressait de justes réprimandes (1). De tous les prophètes, Isaïe est celui qui a parlé le plus clairement et avec le plus de détails de Jésus-Christ et de son Église. Il semble en quelque sorte être l'historien plutôt que le prophète de ces événements qu'il annonce.

276. *Comment Dieu punit-il Manassès de ses crimes?* Le Seigneur suscita contre lui Assarhaddon, roi d'Assyrie, qui l'emmena en captivité à Babylone.

277. *Que devint ensuite Manassès?* Lorsqu'il se vit dans un si triste état, le roi Manassès reconnut ses fautes, et Dieu lui permit de retourner à Jérusalem, où il extermina les idoles et continua à servir le Dieu de ses pères jusqu'à sa mort (2).

278. *Quel autre danger vint menacer le roi Manassès?* Nabuchodonosor 1er, successeur d'Assarhaddon, voulut soumettre à son

(1) 694 ans avant J. C., l'an du monde 4269.
(2) 640 ans avant J. C., l'an du monde 4323.

joug le royaume de Juda ; il le fit envahir par son général Holopherne, qui vint mettre le siége devant Béthulie ; mais la courageuse Judith sauva cette ville.

279. *Que fit la sainte veuve Judith?* Ayant eu accès par sa beauté dans la tente d'Holopherne, Judith lui coupa la tête pendant qu'il était plongé dans le sommeil de l'ivresse.

    Méchant comme son père et juste objet d'horreur,
    Amon n'imite pas son retour au Seigneur.
    Josias lui succède, et ce prince admirable
    Pour la loi fait paraître un zèle incomparable.
    Il périt, et Néchos, maître par son trépas,
    Ne trouve plus d'obstacle et chasse Joachas.

280. *Comment finit Amon, fils et successeur de Manassès?* Amon fut tué par ses sujets, qui le haïssaient et qui reconnurent en sa place le jeune Josias, son fils, âgé de huit ans, dont le règne fut marqué par des actes de piété (1).

281. *Comment le roi Josias signala-t-il son règne?* Josias fit tous ses efforts pour détruire l'idolâtrie et ramener le peuple dans la bonne

(1) 639 ans avant J. C., l'an du monde 4324.

voie ; la dix-huitième année de son règne, il fit célébrer la pâque à Jérusalem avec beaucoup de pompe.

282. *Quelle fut la fin du roi Josias?* Josias fut tué d'un coup de flèche, dans la plaine de Mageddo, en Palestine, par Néchao ou Néchos, roi d'Égypte, qui traversait son royaume pour aller combattre les Assyriens.

283. *Quel prophète parut sous le règne de Josias?* Jérémie commença à prophétiser la treizième année du règne de ce prince. Il dicta dans la suite et de mémoire ses prédictions à son disciple Baruch. Il a composé aussi des *Lamentations*, où il déplore éloquemment les crimes et les malheurs de Jérusalem.

284. *Qu'arriva-t-il à Joachas, fils et successeur du roi Josias?* Joachas n'ayant point voulu se reconnaître tributaire de Néchao, le roi d'Égypte le déposa, l'emmena prisonnier dans ses États et mit en sa place dans Jérusalem Éliacim, second fils de Josias, auquel il donna le nom de Joachim (1).

285. *Quel était alors le caractère du peuple*

(1) 608 ans avant J. C., l'an du monde 4335.

juif ? Les Hébreux avaient entièrement dégénéré et s'abandonnaient à toutes sortes de désordres ; oubliant le Dieu de leurs pères, ils se livraient plus que jamais au culte des idoles.

286. *Que fit Jérémie pour arrêter ces désordres du peuple juif ?* Placé tantôt aux portes de Jérusalem, tantôt à l'entrée du temple, le prophète Jérémie exhorta, mais en vain, le peuple à la pénitence, le menaça de la colère du Ciel et lui prédit qu'il serait captif pendant 70 ans ; mais, au lieu de suivre ses conseils, on voulut le faire mourir ; le roi Joachim jeta au feu le livre qui contenait les prédictions de Jérémie. Le saint prophète les dicta une seconde fois à Baruch, en ajouta de nouvelles et annonça les vengeances du Seigneur contre Joachim.

Joachim et son fils, en une même année,
Subissent tous les deux la même destinée.

287. *Comment s'accomplirent les prophéties de Jérémie ?* Les Juifs persistant dans leurs vices, Joachim fut pris, fait prisonnier et amené à Babylone par le roi d'Assyrie, Na-

buchodonosor II, qui, quelque temps après, le renvoya à Jérusalem, en gardant le jeune Daniel et d'autres seigneurs de Judée pour otages. C'est à cette époque, appelée *la première transmigration des Juifs à Babylone*, que commencent les 70 ans de captivité prédits au peuple juif par le prophète Jérémie.

288. *Quels événements eurent lieu après le retour de Joachim à Jérusalem ?* A son retour de la captivité, Joachim voulut secouer le joug du roi Nabuchodonosor II, qui, après s'être emparé de Jérusalem, le fit mourir et mit à sa place son fils Joachim II, ou Jéchonias.

289. *Que devint Jéchonias ?* S'attirant, comme son père, l'indignation de Nabuchodonosor, Jéchonias fut, à son tour, mené captif à Babylone avec sa mère et les seigneurs de la Judée, jusqu'au nombre de dix mille ; son oncle Sédécias fut mis à sa place. Cette époque est nommée *la seconde transmigration des Juifs à Babylone* (1).

(1) 597 ans avant J. C., l'an du monde 4366.

Sédécias est pris ; on lui crève les yeux ;
Il achève ses jours en un cachot affreux.

290. *Qu'arriva-t-il aux Juifs pendant le règne de Sédécias, oncle et successeur de Joachim II ?* Le peuple juif, malgré les menaces de Jérémie, persévérant toujours dans son impiété, et Sédécias ayant violé le serment de fidélité qu'il avait fait à Nabuchodonosor, ce roi d'Assyrie vint assiéger Jérusalem, s'en empara après deux ans d'un siége horrible, fit un carnage affreux des habitants, et, en 587, mit fin au royaume de Juda, qui avait duré 375 ans depuis le règne de Roboam.

291. *Quelles cruautés exerça Nabuchodonosor contre Sédécias?* Ayant fait Sédécias prisonnier, Nabuchodonosor fit tuer ses deux fils en sa présence, et ordonna qu'on lui crevât les yeux et qu'on le menât captif à Babylone, où ce roi, sous qui finit le royaume de Juda, mourut de chagrin. Cette époque fut la *troisième et dernière transmigration des Juifs à Babylone*, où ils restèrent en captivité pendant soixante-dix ans.

Les maux prophétisés par Amos, Isaïe,
Après un siècle et plus, sont vus par Jérémie.

292. *Que fit le prophète Jérémie sous le règne de ces deux princes ?* Jérémie ne cessa d'avertir les Juifs de tous les malheurs qu'ils attireraient sur eux par leur endurcissement ; il leur promit cependant la fin de la captivité. L'austérité de ses conseils lui attira toutes sortes de malheurs ; mais il ne se laissa jamais abattre. Le roi Nabuchodonosor ordonna qu'il fût épargné, et il demeura à Jérusalem.

293. *Que devint alors le prophète Jérémie* Le saint prophète Jérémie sauva de la profanation le tabernacle, l'arche d'alliance et d'autres objets précieux ; il fit cacher le feu sacré dans un puits profond et sans eau ; puis il fut entraîné en Égypte par un grand nombre de Juifs, qui s'y rendirent contre son avis pour fuir le joug du roi Nabuchodonosor Depuis cette époque l'Écriture sainte ne parle plus de lui.

294. *Parmi les Israélites emmenés en captivité par le roi Nabuchodonosor, quels sont ceux qui se rendirent célèbres ?* Parmi les captifs qui avaient été emmenés à Babylone, o

choisit des jeunes gens d'une naissance illustre, pour être élevés dans le palais du roi et y apprendre les sciences des Chaldéens. Au nombre de ces jeunes gens on distingua Ananias, Misaël et Azarias, et surtout Daniel, dont la sagesse éclata dès l'âge de douze ans.

Daniel, pendant le cours de la captivité,
Par sa sagesse acquiert de la célébrité ;
Il arrache à la mort l'innocente Suzanne,
Et lui-même à mourir deux fois on le condamne.
Devant lui les lions déposent leur fureur.
Il annonce le temps où viendra le Sauveur.

295. *Comment Daniel donna-t-il des preuves de la sagesse divine qui l'animait?* Daniel, quoique bien jeune, fit reconnaître l'innocence d'une chaste Juive, nommée Suzanne, indignement calomniée par deux vieillards dont il découvrit la fourberie et l'infamie ; plus tard, il expliqua au roi Nabuchodonosor plusieurs songes que ce monarque avait eus, et qui lui indiquaient les monarchies qui devaient succéder à son empire et la destinée terrible qui l'attendait. Cette science divine, que Dieu avait accordée au prophète Daniel, le fit élever par Nabuchodonosor aux plus hautes dignités.

296. *Quelle fut l'étrange destinée du roi Nabuchodonosor ?* Nabuchodonosor, à cause de son orgueil, perdit l'usage de la raison et fut réduit à la condition des animaux, vivant dans les forêts sans partager ni la société, ni la nourriture ordinaire des autres hommes ; le poil de son corps devint semblable aux plumes d'un aigle, et ses ongles s'allongèrent comme les griffes d'un oiseau.

297. *Resta-t-il longtemps dans cet état ?* Il resta sept ans dans cet état ; puis il recouvra la raison et sa première forme ; il s'humilia devant le Seigneur, dont il reconnut la toute-puissance, et remonta sur son trône.

298. *Qu'arriva-t-il aux trois jeunes compagnons de Daniel à la cour du roi de Babylone ?* Ananias, Misaël et Azarias furent jetés dans une fournaise ardente, pour n'avoir voulu adorer ni l'idole de Bel ni la statue de Nabuchodonosor ; mais le feu ne leur fit aucun mal, et ils sortirent en chantant les louanges du Seigneur, comme ils y étaient entrés.

299. *Que fit Daniel sous le règne du roi Evilmérodac, fils et successeur de Nabuchodonosor ?* Daniel confondit plusieurs fois l'im-

posture des prêtres de Bel, fit mourir un grand dragon que les Babyloniens vénéraient, et adora publiquement le vrai Dieu malgré les édits du prince.

300. *Quel danger courut le prophète?* Daniel fut jeté deux fois dans une fosse avec des lions qui devaient le dévorer ; mais Dieu le sauva miraculeusement de ce péril (1).

301. *Quelle interprétation donna le prophète Daniel à la vision du roi Balthazar, fils et successeur d'Evilmérodac?* Balthazar ayant vu dans un festin une main qui écrivait ces mots : *Mane*, *Thecel*, *Pharès*, Daniel lui prédit que son royaume serait divisé et deviendrait la proie des Mèdes et des Perses. En effet Balthazar, ayant été assassiné par ses sujets (2), fut remplacé par Darius le Mède ou Cyaxare, et, quelque temps après par Cyrus, roi de Perse.

302. *Que fit Daniel pendant le règne de Darius le Mède?* Daniel annonça la fin de la captivité des Juifs, et prédit la venue du Christ au bout de 70 semaines d'années, c'est-à-dire 490 ans.

(1) 562 ans avant J. C., l'an du monde 4401.
(2) 538 ans avant J. C., l'an du monde 4425.

303. *Quel prophète vivait à Babylone du temps de Daniel?* Tandis que Daniel prophétisait à la cour d'Assyrie, Ezéchiel vivait aussi parmi les Juifs de Babylone. Il les instruisait et les consolait de la part de Dieu. De toutes les *visions* d'Ézéchiel, la plus fameuse est celle où Dieu lui traça l'image de la résurrection générale qui doit un jour avoir lieu (1).

---

(1) L'Écriture cite encore le nom de douze autres petits prophètes dont nous n'avons pas parlé dans cet abrégé. Leurs prédictions, ainsi que celles des grands prophètes, se trouvent toutes dans la *Bible*.

SIXIÈME AGE DU MONDE

DEPUIS LA FIN DE LA CAPTIVITÉ DE BABYLONE, 536 ANS AVANT JÉSUS-CHRIST, JUSQU'A LA NAISSANCE DE JÉSUS-CHRIST.

(Espace de 536 ans.)

Cyrus, au peuple hébreu se montrant favorable,
Rend, vers l'an cinq cent trente, un édit mémorable :
Les Juifs dans leur pays sont enfin ramenés,
Et par Zorobabel, par Esdras gouvernés.

304. *Comment finit la captivité des Juifs à Babylone ?* Cyrus, roi de Perse, ayant succédé à Darius le Mède, signala la première année de son règne en renvoyant dans leur pays tous les Juifs qui voulurent y retourner; il leur accorda sa protection et leur fit rendre tous les vases d'or et d'argent qu'on avait enlevés du temple de Jérusalem (1).

305. *Par qui les Juifs furent-ils gouvernés à leur retour dans leur patrie ?* Les Juifs, à

---

(1) 536 ans avant J. C., l'an du monde 4427.

leur retour à Jérusalem, furent gouvernés par Zorobabel, leur chef militaire; puis, par leur grand prêtre Josué; et, en dernier lieu, par Esdras, docteur de la loi.

306. *Quel ouvrage entreprirent les Juifs à Jérusalem?* Dès qu'ils furent rentrés dans leur pays, les Juifs jetèrent les fondements d'un nouveau temple en l'honneur du Seigneur; les Samaritains demandèrent instamment à prendre part à ses travaux; leurs prétentions ayant été repoussées, ils devinrent les ennemis acharnés des Juifs, et par leurs intrigues retardèrent la construction du temple, qui ne fut achevé que sous le règne de Darius, fils d'Hystaspe.

307. *Que devinrent les Juifs sous les successeurs de Cyrus?* Cyrus étant mort, une partie des Juifs retournèrent à Jérusalem et travaillèrent à y rétablir le culte de Dieu sous leurs pontifes; les autres, en plus grand nombre, se fixèrent dans les pays situés au delà de l'Euphrate. Parmi ceux-ci se trouvèrent la jeune Esther, qui devint l'épouse d'Assuérus ou Artaxercès-Longuemain (1), et Mardochée,

---

(1) Quelques historiens pensent que ce roi Assuérus est le même que Darius, fils d'Hystaspe.

oncle d'Esther, qui découvrit une conspiration contre le roi de Perse.

308. *Quel danger coururent les Juifs sous le règne d'Artaxercès-Longuemain, nommé dans l'Ecriture Assuérus?* Aman, ministre d'Assuérus, étant parvenu à un haut degré de puissance, faisait fléchir le genou devant lui à tous les serviteurs du roi ; Mardochée seul refusa d'obéir ; dès lors Aman jura la perte de tous les Juifs qui se trouvaient en Perse, et fit signer à Assuérus un édit qui les condamnait à mort sous prétexte qu'ils méprisaient les ordres du prince.

309. *Que fit alors Mardochée?* Mardochée fit savoir à Esther le péril qui menaçait les Juifs, et lui déclara qu'elle devait aller trouver le roi pour le fléchir ; mais une loi portait peine de mort contre quiconque se présenterait devant le monarque sans être appelé. Esther cependant n'hésita pas à braver cette défense et à se dévouer pour sauver son peuple.

310. *Qu'arriva-t-il à Esther devant le roi?* Assuérus, voyant Esther qui venait à lui sans avoir été mandée, entra d'abord dans une grande colère ; la reine s'évanouit, et aussitôt Dieu changea le cœur du roi ; il toucha Esther

de son sceptre en signe de pardon et lui promit d'assister le lendemain chez elle à un grand festin avec Aman, son ministre.

311. *Quels honneurs reçut Mardochée tandis qu'Aman se préparait à le faire mourir?* Aman faisait déjà préparer une potence pour y pendre Mardochée, lorsqu'il reçut l'ordre de conduire ce Juif en triomphe dans toute la ville. Mardochée, revêtu d'un habit royal, monté sur le cheval du roi, était précédé de l'implacable Aman, qui tenait les rênes du cheval et criait : *C'est ainsi que mérite d'être honoré celui que le roi veut honorer.*

312. *Quelles circonstances amenèrent ce changement en faveur de Mardochée?* Une nuit qu'Assuérus ne pouvait dormir, il se fit lire les annales de son règne ; il tomba précisément sur la conspiration que Mardochée avait découverte. Ayant appris que ce dernier n'avait pas été récompensé, Assuérus fit venir Aman et lui demanda quelle récompense on pourrait accorder à un homme que le roi voulait honorer beaucoup. Aman, ne doutant pas que cette faveur ne lui fût réservée, indiqua le genre d'honneur qu'il trouvait le plus grand.

313. *Comment les Juifs échappèrent-ils à la proscription?* Assuérus s'étant rendu au festin qu'il avait accepté chez la reine, celle-ci lui découvrit alors les criminels projets de son ministre, et implora la grâce des Juifs. Le roi se rendit à la prière d'Esther, et fit pendre Aman à la potence destinée à Mardochée.

> Par ses soins assidus le sage Néhémie
> Voit de Jérusalem l'enceinte rétablie.

314. *Quelle faveur Assuérus accorda-t-il aux Juifs?* Assuérus permit aux Juifs, par l'entremise de l'Israélite Néhémie, son échanson, de reconstruire les murs de Jérusalem (1).

315. *Quels obstacles eurent à vaincre Néhémie et les Juifs en rebâtissant les murs de Jérusalem?* Les princes des pays voisins se liguèrent pour les forcer à abandonner leur travail; mais Néhémie fit ranger ses gens de manière qu'ils bâtissaient d'une main et combattaient de l'autre.

316. *En quoi particulièrement le rétablissement des murs de Jérusalem est-il mémorable?* Le rétablissement des murs de Jérusa-

---

(1) 454 ans avant J. C., l'an du monde 4509.

lem est particulièrement remarquable en ce que c'est de cette époque qu'on commence à compter les 70 semaines d'années à la fin desquelles s'accomplit la prophétie de Daniel sur l'avénement du Messie.

317. *Quel fut l'état des Juifs pendant le cinquième siècle avant J.C.?* Les successeurs de Cyrus laissèrent les Juifs jouir d'une grande tranquillité, qui ne fut troublée que par les querelles du pontificat et la jalousie des Samaritains. Ils formaient une espèce de république gouvernée par un grand prêtre. Le gouvernement étant à la fois théocratique et aristocratique, les souverains pontifes joignaient au sacerdoce l'administration civile ; mais ils étaient secondés par les anciens et les principaux de la nation, qui formaient une espèce de sénat qu'on appelait le *grand sanhédrin*. L'histoire ne nous donne point de détails précis sur les événements qui se sont passés pendant ce siècle. Le gouvernement des grands pontifes subsistait toujours lorsque Alexandre vint à Jérusalem.

317 bis. *Quel événement vient augmenter la haine et la rivalité des Juifs et des Samaritains?* Manassé, frère du grand prêtre Jaddus,

ayant épousé la fille du Samaritain Sanaballat, refusa de se soumettre au conseil de Jérusalem, qui lui ordonnait de se séparer de cette étrangère; il embrassa les mœurs religieuses des Samaritains, se retira à Samarie avec plusieurs Juifs qui avaient imité son exemple, et obtint de Darius Codoman, puis d'Alexandre, par le crédit de son beau-père, qui avait embrassé le parti du roi de Macédoine, la permission de bâtir sur le mont Garizim un temple, dont il fut le grand prêtre, et qui devint le rival de celui de Jérusalem.

> Alexandre, en voyant Jaddus, perd son courroux :
> Devant le Dieu des Juifs il fléchit les genoux.

318. *Quelle circonstance amena Alexandre à Jérusalem?* Alexandre, roi de Macédoine, ayant vaincu Darius, fit sommer les Juifs de se soumettre à son pouvoir; ceux-ci, toujours fidèles aux rois de Perse, refusèrent de reconnaître son autorité. Alexandre irrité marcha contre eux et voulut s'emparer de Jérusalem (1).

319. *Comment fut apaisé le courroux d'A-*

(1) 332 ans avant J. C., l'an du monde 4631.

lexandre? Le grand-prêtre Jaddus, revêtu de ses habits sacerdotaux, alla à la rencontre d'Alexandre. A la vue du pontife, le conquérant s'inclina, puis il alla dans le temple y offrir un sacrifice à Dieu ; le grand prêtre lui fit voir ensuite que ses conquêtes se trouvaient prédites dans les livres sacrés.

Onias et Simon, quand Alexandre expire,
Des chefs ses successeurs reconnaissent l'empire.
De l'Écriture en grec une traduction
Est faite, et des Septante elle porte le nom.

320. *Que devinrent les Juifs après la mort d'Alexandre?* D'abord tributaires des Macédoniens, les Juifs furent ensuite soumis par Ptolémée Soter, roi d'Égypte, qui en emmena 120,000 dans ses États.

321. *Quel fut le sort des Juifs sous les Ptolémées?* Ptolémée Philadelphe, fils de Soter, les favorisa et voulut avoir dans sa bibliothèque, la plus belle de l'antiquité, les livres sacrés et l'histoire des Juifs (1).

322. *Par qui la Bible fut-elle traduite pour le roi Ptolémée?* Le pontife Éléazar envoya au roi d'Égypte 72 docteurs, qui s'établirent dans

---

(1) 275 ans avant J. C., l'an du monde 4686.

l'île de Pharos, pour faire la traduction des livres saints. C'est cette traduction que l'on appelle traduction des *Septante*.

323. *Quelles sectes vit-on naître chez les Juifs vers ce temps ?* Depuis la mort du prophète Malachie, arrivée vers le milieu du cinquième siècle, les Juifs furent privés de ces hommes que la sainteté de leur vie et leurs inspirations divines rendaient les guides de la nation. Ils s'éloignèrent de nouveau de la croyance de leurs pères et se séparèrent en différentes sectes. On vit paraître les *Pharisiens*, les *Sadducéens*, les *Esséniens*, qui adoptèrent plusieurs opinions des philosophes de l'antiquité.

324. *Quelle persécution les Juifs eurent-ils à subir de la part des Egyptiens ?* Ptolémée Philopator, ayant voulu pénétrer dans le sanctuaire, éprouva une grande résistance de la part du grand prêtre Simon II. Irrité contre les Juifs, il leur fit endurer une horrible persécution et ordonna qu'ils fussent foulés aux pieds des éléphants, dans le cirque de la ville d'Alexandrie ; mais ces animaux tournèrent leur fureur contre les spectateurs.

Par les anges frappé d'une manière horrible,
Héliodore éprouve un châtiment terrible.

325. *Comment les Juifs passèrent-ils sous la domination des rois de Syrie?* Après la mort de Ptolémée Philopator, Antiochus le Grand, roi de Syrie, soumit la Palestine dans deux campagnes (1). Les Juifs éprouvèrent un moment de tranquillité sous la domination de ce prince ; mais cette tranquillité fut troublée sous le règne de ses successeurs.

326. *Quel événement remarquable se passa sous le pontificat d'Onias III?* Séleucus Philopator, successeur d'Antiochus le Grand, excité par un Juif ambitieux nommé Simon, ennemi secret du grand prêtre Onias III, voulut s'emparer des trésors du temple de Jérusalem. Il chargea son ministre Héliodore de ravir le dépôt sacré ; mais ce dernier, au moment où il entrait dans le temple, malgré les remontrances du grand prêtre, fut cruellement foulé aux pieds par un guerrier formidable, tandis que deux anges le frappaient de verges. Héliodore revint auprès de son maître proclamer la puissance du Dieu des Juifs.

(1) 203 ans avant J. C., l'an du monde 4760.

Jason supplante alors le troisième Onias :
Mais il est à son tour chassé par Ménélas.

327. *Quels troubles eurent lieu pour le pontificat sous le règne d'Antiochus Epiphane?* Les rapports et le commerce des Juifs avec les Grecs les ayant corrompus de plus en plus, et la grande sacrificature s'obtenant à prix d'argent, le vertueux Onias III fut supplanté par son frère Jason, qui acheta la protection d'Antiochus Épiphane et la charge de grand prêtre.

328. *Par qui Jason fut-il à son tour supplanté?* Jason ayant envoyé en Syrie son confident Ménélas, pour acquitter le tribut imposé aux Juifs, fut supplanté par ce ministre, qui gagna les bonnes grâces d'Antiochus en lui promettant une somme d'argent plus considérable. Des troubles civils inondent de sang la ville de Jérusalem, et le vertueux Onias est mis à mort par ordre de Ménélas.

Jason rentre ; aussitôt le farouche Épiphane
Accourt, pille d'abord le temple qu'il profane,
Fait de Jérusalem un théâtre d'horreur ;
Quarante mille Juifs éprouvent sa fureur.
Le vieil Éléazar dans les tourments expire ;
Machabée et ses fils subissent le martyre.

329. *Comment Jason rentra-t-il dans le pontificat ?* Le bruit de la mort d'Antiochus s'étant répandu, Jason est rappelé à Jérusalem par les ennemis du roi de Syrie et de Ménélas. Il chasse son rival, et exerce de grandes cruautés dans la ville.

330. *Que fit alors le roi de Syrie?* Pour se venger de la joie qu'on y avait témoignée au bruit de sa mort, Antiochus entra dans Jérusalem à la tête d'une armée considérable, profana le temple, s'empara des vases sacrés, fit tuer 40,000 Juifs, et persécuta cruellement ceux qui ne voulurent pas renoncer à la foi de leurs pères ni adorer l'idole de Jupiter. Au nombre de ces derniers fut Éléazar, docteur de la loi (1).

331. *Quel exemple de fermeté donna Éléazar ?* Le saint vieillard Éléazar, pour montrer son attachement à la loi de Moïse, aima mieux subir la mort que de feindre seulement de manger de la viande de porc que la loi lui interdisait.

332. *Quelle autre action héroïque vit-on encore dans cette persécution?* Une mère courageuse donna le même exemple d'attache-

---

(1) 168 ans avant J. C., l'an du monde 4795.

ment à la loi de Moïse. Ses sept fils, appelés Machabées, furent amenés devant Antiochus, qui voulut les contraindre à manger des viandes défendues par la loi ; mais ils préférèrent la mort. Leur mère les encouragea l'un après l'autre à endurer sans se plaindre les plus horribles supplices ; puis elle reçut elle-même le martyre avec la même fermeté.

GOUVERNEMENT DES MACHABÉES.

De son peuple opprimé généreux défenseur,
Le grand Mathathias, plein d'une sainte ardeur,
Laisse, en mourant, ses fils héritiers de son zèle.
L'aîné, Judas, est chef de la troupe fidèle ;
Par des exploits sans nombre il signale son bras.
Au sein de la victoire il trouve le trépas.

333. *Que fit le prêtre Mathathias, chef de la famille des Machabées?* Le prêtre Mathathias abandonna Jérusalem pour n'être pas témoin des scènes horribles qui s'y passaient. S'étant retiré sur la montagne de Modin, il y donna le signal de la guerre contre Antiochus en tuant un apostat qui sacrifiait aux faux dieux. Il eut la gloire d'avoir entrepris la délivrance des Juifs. Il laissa le gouvernement à ses enfants (1).

(1) 166 ans avant J.-C., l'an du monde 4797.

334. *Quels étaient les cinq fils de Mathathias?* Les cinq fils de Mathathias étaient Jean, Simon, Juda, Éléazar et Jonathas. Judas, Jonathas et Simon eurent plus l'occasion de se signaler, et gouvernèrent successivement.

335. *Quels exploits fit Judas, troisième fils de Mathathias?* Judas, surnommé *Machabée* (vaillant), remporta d'éclatantes victoires sur les rois de Syrie, Antiochus Épiphane et Antiochus Eupator, et avec des forces inférieures défit leurs meilleurs généraux, Apollonius et Lysias.

336. *Que fit Judas Machabée lorsqu'il eut rendu la liberté aux Juifs?* Judas Machabée, après ses premiers succès sur les Syriens, se rendit à Jérusalem, purifia le temple et en répara les ruines, autant qu'il était en son pouvoir.

337. *Quelle autre victoire éclatante remporta encore Judas Machabée?* Démétrius Soter ayant envoyé contre lui une armée de 25,000 Syriens, commandée par Nicanor, Judas Machabée la défit avec une poignée de soldats, tua Nicanor et ordonna qu'en punition des blasphèmes proférés par cet impie,

sa langue fût coupée en morceaux et qu'elle devînt la proie des oiseaux.

338. *Comment mourut Judas Machabée ?* Irrité de la défaite de Nicanor, Démétrius envoya la meilleure partie de ses troupes contre les Juifs. Judas Machabée, à la tête de huit cents hommes seulement, fit des prodiges de valeur ; mais, ayant été enveloppé par les ennemis, il tomba percé d'un coup mortel, et demeura enseveli dans son triomphe.

Son frère Jonathas, le vainqueur de Bacchide,
Est trahi par Tryphon, meurt à Ptolémaïde.

339. *Qui succéda à Judas Machabée dans le gouvernement des Juifs ?* A la mort de son frère, Jonathas prit le commandement de l'armée. Il battit le général syrien Bacchide, qu'il contraignit à la paix ; puis il envoya à Rome des ambassadeurs, qui renouvelèrent le traité d'alliance que Judas Machabée avait fait avec les Romains peu de temps avant sa mort.

340. *De quelle trahison Jonathas fut-il victime?* Tryphon, ministre et tuteur du jeune roi de Syrie, Antiochus Bala, fit alliance avec

Jonathas, puis l'attira sous prétexte d'amitié à Ptolémaïde, où il le fit assassiner (1).

Simon, son successeur, fait la guerre à Tryphon,
Et Jean Hircan succède à son père Simon.

341. *Quels furent les exploits des Juifs après la mort de Jonathas?* Simon, frère de Jonathas, qui lui succéda dans le commandement, chassa les Syriens de Sion, citadelle de Jérusalem, fortifia et agrandit Joppé sur les bords de la mer, et acheva entièrement l'affranchissement de sa nation.

342. *Quelle action atroce commit le Juif Ptolémée?* Ptolémée, gendre de Simon, pour parvenir à la suprême puissance, fit mourir son beau-père avec ses deux fils aînés; mais il ne put réussir dans son projet, et l'autorité fut conférée à Jean Hircan, troisième fils de Simon, qui devint la tige des princes dits *Asmonéens*.

343. *Que fit Jean Hircan?* Jean Hircan prit Sichem aux Samaritains, détruisit de fond en comble le temple de Garizim, soumit les Iduméens, et affermit son gouvernement, qu'il

---

(1) 144 ans avant J. C., l'an du monde **4819.**

laissa à son fils Aristobule. Ce prince prit le titre et la couronne de roi ; le gouvernement devint alors monarchique et subit d'importantes modifications.

GOUVERNEMENT DES PRINCES ASMONÉENS.

Aristobule, roi, meurtrier de son frère,
Ne peut se pardonner cet acte sanguinaire :
Il se donne la mort. Jannée, son successeur,
Sur son peuple opprimé règne par la terreur.

344. *Comment Aristobule se souilla-t-il du sang de sa famille ?* La politique cruelle d'Aristobule le porta à faire emprisonner ses frères et à faire mourir Antigone, celui d'entre eux qu'il avait chéri davantage ; mais il ne put se pardonner ce crime, et mourut de désespoir peu de temps après (1).

345. *Comment Jannée succéda-t-il à Aristobule ?* Jannée, frère d'Aristobule, gémissait dans une prison, lorsque Salomé, sa belle-sœur, l'en fit sortir pour le placer sur le trône et l'épouser.

346. *Quels sont les faits les plus remarquables du règne de Jannée ?* Jannée combattit

(1) 107 ans avant J. C., l'an du monde 4856.

avec succès contre les Égyptiens et les Syriens : mais il ternit sa mémoire par la tyrannie qu'il exerça sur son peuple. On lui reproche d'avoir fait périr un de ses frères, qu'il regardait comme un rival dangereux, et plus de 50,000 de ses sujets, dans l'espace de six ans. Il mourut après 27 ans de règne.

Hircan deux, par sa mère, arrive au rang suprême.
Il est par son puîné privé du diadème,
Qui bientôt sur son front par Pompée est remis.
Son frère et ses neveux à Rome sont punis.

347. *Quelle fut l'ambition d'Alexandra, veuve de Jannée ?* Après la mort de son mari, Alexandra garda le sceptre pour elle, et laissa seulement le pontificat à son fils aîné Hircan II, qui ne fut roi et pontife de la Judée qu'après la mort de sa mère.

348. *Qu'arriva-t-il à Hircan II ?* Hircan II fut d'abord détrôné par son frère puîné Aristobule ; mais Antipater, seigneur d'Idumée, et Pompée, général romain, devenu l'arbitre de l'Asie, le remirent sur le trône ; il ne gouverna cependant qu'avec le titre de grand prêtre.

349. *Que devinrent Aristobule et ses deux*

SIXIÈME AGE.

fils Alexandre et Antigone ? Pompée envoya Aristobule et ses fils prisonniers à Rome ; mais les guerres civiles de la République étant survenues, on ne pensa plus à eux, et ils s'échappèrent.

Hircan est de nouveau chassé par Antigone.
Hérode, Iduméen, devient maître du trône,
Fait périr son rival, puis obtient des Romains
Que le sceptre conquis demeure dans ses mains.
Le RÉDEMPTEUR promis, et qu'attendait la terre,
Paraît dans la Judée et commence une autre ÈRE.

350. *Que fit Antigone, fils d'Aristobule et neveu d'Hircan, après s'être échappé de prison ?* Aidé de Pacorus, roi des Parthes et ennemi déclaré des Romains, Antigone, après s'être échappé de Rome, rentra triomphant dans Jérusalem, et fit couper le nez et les oreilles au roi Hircan, son oncle, pour le rendre inhabile au pontificat.

GOUVERNEMENT DES PRINCES IDUMÉENS.

351. *Comment Hérode l'Ascalonite parvint-il à gouverner les Juifs ?* Hérode, Iduméen d'origine, mais Juif de naissance, profita des troubles qui agitaient la République romaine

pour s'emparer de la Judée ; protégé par le triumvir Antoine, il obtint du Sénat romain le royaume d'Idumée et la proscription d'Antigone, qui eut la tête tranchée à Antioche (1).

352. *Quelle fut la conduite du roi Hérode après être monté sur le trône ?* Hérode traita d'abord avec humanité le pontife Hircan, dont il avait épousé la fille, nommée Marianne ; mais, au bout de cinq ou six ans, il le fit mourir, avec sa femme et ses enfants, sous prétexte de conspiration.

353. *En quoi le règne d'Hérode sera-t-il toujours mémorable ?* Le règne d'Hérode sera à jamais célèbre par la naissance de JÉSUS-CHRIST, qui arriva 4963 ans après la création du monde (2).

---

(1) 40 ans avant J. C., l'an du monde 4923.
(2) Plusieurs systèmes ont été adoptés pour la manière de compter les années. Ushérius, le calendrier grégorien et Bossuet placent la naissance de Jésus-Christ l'an 4000 ou 4004. D'autres auteurs s'écartent plus ou moins de cette époque.

Voulant mettre nos livres en harmonie avec ceux que l'on enseigne dans l'Université, nous avons cru devoir suivre, à quelques dates près, le système adopté dans l'enseignement, qui s'accorde du reste avec celui qu'ont suivi les savants Bénédictins dans leur excellent ouvrage intitulé : *L'Art de vérifier les dates.*

LEÇONS
DE CHRONOLOGIE
ET D'HISTOIRE

DEUXIÈME PARTIE

HISTOIRE ECCLÉSIASTIQUE

ou faits religieux mémorables arrivés depuis la naissance de Jésus-Christ jusqu'au temps de la conversion de Clovis, l'an 496.

Ier SIÈCLE APRÈS JÉSUS-CHRIST

DEPUIS L'AN 1 JUSQU'A L'AN 101.

Jésus-Christ sur saint Pierre établit son Église ;
L'Évangile succède à la loi de Moïse.

1. *Quel événement précéda la naissance de Jésus-Christ?* Dieu, ayant résolu d'accomplir les promesses qu'il avait faites au genre humain, envoya l'ange Gabriel au prêtre Zacharie pour lui annoncer que sa femme Élizabeth, quoique âgée, lui donnerait un fils, que cet enfant s'appellerait Jean, et qu'il serait le *précurseur* du Messie.

2. *Dans quelles circonstances eut lieu l'avénement du Sauveur ?* Depuis plus de 4000 ans, le peuple de Dieu attendait le rédempteur promis; les prédictions faites par les prophètes étaient accomplies; la paix régnait sur la terre, qui ne formait en quelque sorte qu'une vaste monarchie sous le sceptre d'Auguste; ce prince venait d'ordonner le dénombrement général de son empire, lorsque *Jésus* vint au monde dans une étable, à Bethléem en Judée, où la *Vierge* et *Joseph*, son époux, tous deux de la tribu de Juda et de la race de David, quoique pauvres, s'étaient rendus pour se faire inscrire.

3. *Qu'arriva-t-il aussitôt après sa naissance ?* Des anges annoncèrent cet événement à des bergers : une étoile apparut en Orient et conduisit vers Bethléem trois mages ou rois, qui vinrent adorer l'Enfant divin et qui lui offrirent de l'or, de la myrrhe et de l'encens.

4. *Quel danger courut l'Enfant divin peu après sa naissance ?* Hérode l'Ascalonite, jaloux d'entendre parler de la naissance d'un nouveau roi, voulut faire mourir Jésus ; il ordonna qu'on massacrât dans ses États tous

les enfants de deux ans et au-dessous, espérant par là l'envelopper dans cette proscription, qu'on appela le *massacre des Innocents*.

5. *Comment J. C. échappa-t-il à ce massacre ?* Joseph, son père adoptif, averti par un ange, se retira avec la mère et l'enfant en Égypte, d'où il ne revint qu'après la mort du tyran Hérode.

6. *Dans quel pays Joseph, Marie et l'enfant Jésus se retirèrent-ils après leur retour d'Egypte?* Joseph, Marie et l'enfant Jésus revinrent à Nazareth en Galilée, d'où ils allaient tous les ans à Jérusalem pour célébrer la pâque.

7. *En quel état était l'Eglise judaïque quand J. C. vint au monde?* L'Eglise judaïque était divisée en trois sectes principales, savoir : 1° celle des *Pharisiens*, qui affectaient une vie austère, mais pleine d'orgueil ; 2° celle des *Sadducéens*, qui croyaient l'âme mortelle ; 3° celle des *Esséniens*, qui professaient une régularité superstitieuse.

8. *Quels sont les premiers événements de la vie de J. C. ?* Les premiers mystères de la vie du Sauveur sont : sa *circoncision*, huit jours après sa naissance ; son *épiphanie* ou sa manifestation, dans laquelle il fut adoré des trois

mages; sa *présentation* au temple, où se trouvèrent le vieillard Siméon et Anne la prophétesse.

9. *Qu'arriva-t-il à Joseph et à Marie quand ils eurent conduit à Jérusalem leur fils âgé de 12 ans?* Joseph et Marie s'étant rendus à Jérusalem pour célébrer la pâque des Juifs, perdirent Jésus dans la ville; après l'avoir cherché inutilement pendant trois jours, ils le trouvèrent dans le temple, où il écoutait et interrogeait les docteurs, étonnés de sa sagesse.

10. *Comment Jésus passa-t-il sa vie jusqu'à l'âge d'environ 30 ans?* Jésus vécut à Nazareth dans l'obscurité, soumis à ses parents et partageant les travaux de son père adoptif, qui exerçait le métier de charpentier.

11. *Comment la venue de J. C. fut-elle annoncée aux hommes?* Saint Jean-Baptiste sortit de sa retraite dans le désert, vint sur les bords du Jourdain prêcher la pénitence aux Juifs, en baptisa un grand nombre et leur annonça la venue du *Messie*.

12. *Quel fut le premier acte de la vie publique de J. C.?* Après avoir passé 30 ans dans l'obscurité, Jésus sortit de la retraite et vint, confondu dans la foule des pécheurs, se faire baptiser par saint Jean-Baptiste.

13. *Quel prodige arriva-t-il alors ?* Au moment où le Sauveur allait sortir de l'eau, le Saint-Esprit descendit sur lui en forme de colombe, et on entendit une voix divine qui dit : *Vous êtes mon Fils bien-aimé, j'ai mis en vous mes complaisances.*

14. *Que fit Jésus après avoir été baptisé ?* Jésus se retira dans le désert, où il jeûna pendant quarante jours, et où il permit au démon de le tenter.

15. *Que fit J. C. après être sorti du désert ?* Jésus choisit ses douze apôtres (1) ; changea l'eau en vin aux noces de Cana ; parcourut les villes et les campagnes, prêchant la charité, l'humilité, la douceur, et fit des miracles à Capharnaüm, ville qu'il habitait alors.

16. *Quel effet produisit l'apparition de J. C. ?* La sublimité de la morale que Jésus prêchait lui attira de nombreux ennemis parmi les Pharisiens et les docteurs de la loi, qui ne cherchèrent que l'occasion de le sur-

---

(1) Les apôtres choisis par Jésus furent : Simon Pierre, Jacques, fils de Zébédée (le Majeur), Jean son frère, André, Philippe, Barthélemy, Matthieu, Thomas, Jacques, fils d'Alphée (le Mineur), Jude, Thaddée son frère, Simon le Cananéen, Judas Iscariote. La place de ce dernier fut, après l'ascension de Jésus-Christ, remplie par Matthias.

prendre et de le faire mourir ; mais leurs efforts furent impuissants tant que sa mission divine ne fut point accomplie.

17. *Quels moyens employaient les Pharisiens pour le perdre?* Les Pharisiens s'efforçaient continuellement de lui tendre des pièges en lui adressant des questions qui semblaient le mettre en contradiction soit avec la loi religieuse, soit avec l'autorité des empereurs ; mais Jésus confondait à l'instant les envieux par sa parole divine.

Questionné un jour malignement pour savoir si l'on devait payer le tribut à César, ou si l'on pouvait s'en dispenser, il demanda une pièce de monnaie : « De qui est cette image ? » dit-il ; on lui répondit : « De César. » — « Eh bien ! dit J. C., rendez à César ce qui est à César et à Dieu ce qui est à Dieu. »

Une autre fois, on amena devant lui une femme qui méritait d'être lapidée, et on lui demanda ce qu'il fallait faire : « Que celui d'entre vous, répond Jésus, qui est sans péché lui jette la première pierre. »

18. *Que fit J. C. à l'âge de 31 ans?* La première année de sa prédication, Jésus guérit à Jérusalem un homme paralytique depuis vingt-huit ans, prononça son sermon sur la montagne, guérit le serviteur d'un centurion, ressuscita le fils de la veuve de Naïm, exposa ses paraboles, envoya ses disciples prêcher, et loua saint Jean décapité par Hérode.

19. *Que fit J. C. à l'âge de 32 ans?* A l'âge de 32 ans, c'est-à-dire la deuxième année de sa prédication, Jésus fit au désert le miracle de la multiplication des cinq pains, apaisa la tempête sur le lac de Génésareth, désigna saint Pierre pour chef de l'Église, et guérit l'aveugle-né.

20. *Que fit J. C. à l'âge de 33 ans?* La troisième année de sa mission, Jésus ressuscita Lazare, mort depuis quatre jours; il alla loger chez Zachée; il mangea chez Simon le Pharisien, où il accueillit la Madeleine pénitente, et fit enfin son entrée triomphante dans Jérusalem, où le peuple le suivit en foule avec des branches d'olivier.

21. *Que fit J. C. pour affermir la foi de ses apôtres?* Pour précautionner ses apôtres contre le scandale apparent de ses humiliations prochaines, Jésus voulut paraître dans un état glorieux sur le sommet d'une montagne, après y avoir conduit Pierre, Jacques et Jean. Son

visage était brillant comme le soleil, ses vêtements blancs comme la neige. Moïse et Élie étaient à ses côtés, et ils s'entretenaient avec lui. C'est ce qu'on appelle la *transfiguration*.

22. *Quels faits intéressants se passèrent avant la mort de J.-C.?* Les temps marqués par les décrets de Dieu étant arrivés, Jésus voulut une dernière fois faire la pâque avec ses disciples. Pour leur montrer avec quelle pureté on devait s'approcher du banquet sacré et leur apprendre à s'humilier devant leurs frères, il leur lava les pieds; puis, sur la fin du repas, il institua l'*Eucharistie*. Il se retira ensuite pour prier dans un lieu appelé *Gethsémani* ou jardin des Oliviers. Judas, l'un de ses disciples, moyennant 30 pièces d'argent, le livra à une troupe de gens armés envoyés pour le prendre; mais, apprenant ensuite que Jésus était condamné à la mort, il jeta dans le temple l'argent qu'il avait reçu, et se pendit de désespoir.

23. *Comment mourut J. C.?* Après avoir essuyé toutes sortes d'insultes de la part des Juifs et avoir souffert des douleurs inouïes, Jésus-Christ fut crucifié sur le mont Calvaire entre deux larrons.

24. *Quels signes aperçut-on dans la nature ?* A la mort du Sauveur, le ciel s'obscurcit, la terre trembla, le voile qui séparait le sanctuaire d'avec le reste du temple se déchira, les tombeaux s'ouvrirent, plusieurs morts ressuscitèrent.

25. *Que se passa-t-il après la mort de J. C?* Le corps du Sauveur fut descendu de la croix, et mis dans un sépulcre tout neuf qui était près du Calvaire. Le troisième jour après, le Sauveur ressuscita ; il se montra à ses disciples, et surtout aux apôtres, avec qui il s'entretint plusieurs fois pendant quarante jours. Au bout de ce temps, il fit son ascension glorieuse dans le ciel.

26. *Quel événement mémorable arriva-t-il ensuite?* Dix jours après l'ascension de J. C. les apôtres et les autres disciples, étant rassemblés avec la sainte vierge Marie dans une maison à Jérusalem, entendirent tout à coup un grand bruit venant du ciel et ils virent paraître des langues de feu qui se posèrent sur chacun d'eux; ils reçurent ainsi le Saint-Esprit, le jour de la *Pentecôte,* et ils commencèrent à parler diverses langues, selon que le Saint-Esprit les faisait parler. C'est de cet

événement que date la fin de la *Synagogue* ou de la *loi de Moïse*, et le commencement de l'*Église nouvelle*.

27. *Qu'arriva-t-il de remarquable à Jérusalem après cet événement?* Les apôtres parurent alors hardiment à Jérusalem, pour rendre hommage à J. C. Pierre convertit huit mille Juifs; mais, quelque temps après, il fut mis en prison, amené devant le sanhédrin ou tribunal des Juifs, et condamné, ainsi que les autres apôtres, à être battu de verges.

28. *Comment vivaient les premiers chrétiens?* Les premiers disciples de Jésus-Christ firent voir au monde une grandeur d'âme, une charité, une douceur inconnues jusqu'alors. Tous vivaient en commun, comme s'ils n'étaient qu'une seule et même famille, persévérant dans la prière et dans la fraction du pain, et n'ayant d'autre ambition que celle de répandre la connaissance du Dieu qu'ils adoraient.

29. *Que firent ensuite les apôtres pour répandre la nouvelle doctrine?* Pour les aider à distribuer ce qui était nécessaire à chacun dans cette nouvelle Église, où tous les biens étaient en commun, et afin d'avoir plus de facilité de

prêcher la parole de Dieu, les apôtres élurent sept diacres qu'ils choisirent parmi les nombreux disciples qu'ils avaient faits à Jérusalem. Saint Étienne fut celui qui se fit le plus remarquer par la force de sa foi.

30. *Qu'arriva-t-il à saint Etienne lorsqu'il répandait la foi de J. C.?* Saint Étienne fut accusé de blasphémer et condamné à être lapidé; il eut ainsi l'honneur de donner le premier sa vie pour la nouvelle doctrine. La mort de saint Étienne fut le signal des persécutions que les disciples de Jésus-Christ eurent bientôt à souffrir. Un jeune homme nommé Saul fut un des plus ardents à les tourmenter.

31. *Qu'arriva-t il au jeune Saul lorsqu'il persécutait les chrétiens?* Saul, ayant obtenu la mission de poursuivre les disciples du Christ, se rendit à Damas pour y exécuter ces ordres sanguinaires; mais, sur le point d'entrer dans cette ville, il fut environné d'une lumière éclatante, jeté à terre, et une voix lui cria : *Saul, Saul, pourquoi me persécutes-tu?* Saul se releva, mais il était devenu aveugle ; il fut conduit à Damas, ou il recouvra miraculeusement la vue, et devint le plus intrépide défenseur de la foi; il la propagea par ses

nombreux voyages et par les épîtres qu'il écrivit aux différents peuples de la gentilité ; il mérita par son zèle le titre d'*Apôtre des nations*, et fut depuis connu sous le nom de *Paul*.

32. *Quels établissements eurent lieu à cette même époque?* Saint Jacques le Mineur fonda l'Église (1) de Jérusalem, dont il fut le premier évêque ; et saint Pierre établit celle d'Antioche, après avoir converti beaucoup de Juifs et de gentils. C'est à Antioche que les disciples du Christ prirent le nom de *Chrétiens*.

33. *Quel fut le premier parmi les gentils qui embrassa la doctrine de Jésus-Christ?* Un officier romain, nommé Corneille, et sa famille furent convertis par saint Pierre, à Césarée ; l'apôtre montra ainsi, d'après une vision céleste qu'il avait eue, que tous les hommes étaient appelés à la foi.

34. *Comment la doctrine de Jésus-Christ se répandit-elle parmi les gentils?* Les apôtres se répandirent dans toutes les nations et firen

---

(1) L'assemblée des chrétiens dans une ville ou un contrée formait l'église de cette ville, de cette contrée c'est ainsi qu'on distingue l'église d'Antioche de celle d Jérusalem, etc. On entend par Église universelle la réunion de tous les chrétiens catholiques.

connaître partout la lumière de l'Évangile. Saint Pierre alla en Syrie et dans l'Asie Mineure, puis il vint s'établir à Rome ; saint Thomas pénétra jusqu'aux Indes ; saint Jean s'établit dans l'Asie Mineure ; saint Paul parcourut l'Asie Mineure, l'Arabie, la Macédoine, la Grèce, puis il vint rejoindre ainsi Pierre à Rome ; saint André pénétra chez les Scythes, saint Philippe alla dans la haute Asie, saint Barthélemy dans la haute Arménie, saint Matthieu dans la Perse, saint Simon dans la Mésopotamie, saint Jude dans l'Arabie, saint Mathias dans l'Éthiopie.

35. *Le christianisme ne fut-il répandu que par la parole des apôtres?* Le christianisme se répandit non-seulement par la parole des apôtres, mais encore par les écrits qu'ils nous laissèrent, et qui forment le *Nouveau Testament.* Ces écrits sont : les quatre Évangiles, les Actes des apôtres, les différentes Épîtres de saint Paul, de saint Pierre, de saint Jacques, de saint Jean, de saint Jude, enfin l'Apocalypse de saint Jean.

36. *Par qui furent écrits les saints Evangiles?* Le premier Évangile fut écrit par saint Matthieu, l'an 40 ; le second par saint Marc,

disciple de saint Pierre, vers l'an 43; le troisième par saint Luc, médecin d'Antioche, vers l'an 47, et le quatrième par saint Jean l'Évangéliste, l'an 95.

37. *Comment représente-t-on l'évangéliste saint Matthieu?* Saint Matthieu est représenté ayant un *homme* auprès de lui pour indiquer que l'*humanité* du Fils de Dieu a été le principal objet de ses écrits, et qu'il s'est attaché particulièrement à nous donner les règles de vie et les instructions morales les plus conformes à nos besoins.

38. *Comment représente-t-on l'évangéliste saint Marc?* Saint Marc est représenté appuyé sur un *lion*, parce que cet évangéliste nous marque avec plus de détails la *royauté* de J. C., désignée sous l'image d'un lion dans une vision qu'eut le prophète Ézéchiel, contemporain de Jérémie.

39. *Comment représente-t-on l'évangéliste saint Luc?* On représente saint Luc ayant un *bœuf* auprès de lui, parce que cet évangéliste s'est attaché à parler du *sacerdoce* de J. C., indiqué sous l'emblème du bœuf dans la vision d'Ézéchiel; le bœuf est l'image du sacerdoce, parce que c'est l'animal qu'on im-

molait le plus souvent dans les anciens sacrifices.

40. *Comment saint Jean est-il représenté?* Saint Jean est représenté ayant un *aigle* à ses côtés, parce que, dans ses écrits, il s'élève, comme un aigle, au-dessus des nues, et va découvrir jusque dans le sein du Père la *divinité* du Verbe ou le Fils de Dieu égal au Père.

41. *Lequel des apôtres reçut le premier la couronne du martyre?* Saint Jacques le Majeur, fils de Zébédée et frère de saint Jean, fut le premier apôtre qui donna son sang pour les vérités de la foi. Il fut décapité à Jérusalem. Cet événement eut lieu en l'an 44, sous Hérode Agrippa, fils d'Aristobule et petit-fils d'Hérode l'Ascalonite.

42. *Que fit ce prince pour plaire aux Juifs?* Lors de son avénement à la couronne, Hérode Agrippa fit jeter saint Pierre dans une prison; il voulait le faire décapiter, mais un ange délivra miraculeusement le saint apôtre.

43. *Quelle assemblée remarquable y eut-il vers ce temps à Jérusalem?* Une contestation s'étant élevée parmi les gentils convertis, au sujet de l'observance de certaines cérémonies, on envoya consulter l'église de Jérusalem.

Les apôtres et les prêtres s'assemblent en aussi grand nombre que possible : on délibère ; saint Pierre préside l'assemblée ; on rédige la délibération par écrit, non comme un jugement humain, mais comme un oracle ; et l'on dit : *Il a semblé bon au Saint-Esprit et à nous.* La décision est portée aux autres églises, non pour l'examiner, mais pour l'exécuter avec soumission : telle fut la forme de la première assemblée des apôtres, qui servit dans la suite de modèle aux autres réunions des chefs de l'Église, réunions qui prirent le nom de *conciles*.

44. *Qu'arriva-t-il à la suite de ce concile des apôtres ?* D'après les décisions de cette assemblée, les prescriptions de la loi de Moïse furent abrogées.

Saint Pierre est le premier des pontifes romains.
Néron à sa fureur immole les chrétiens.

45. *Que fit saint Pierre ayant quitté Antioche ?* Saint Pierre vint à Rome, capitale du

monde, où il établit son siége épiscopal (1) ; cette ville devint le centre de la religion catholique romaine, et depuis ce temps elle a toujours été habitée par les patriarches et les évêques, successeurs de saint Pierre, dont la suite n'a pas été interrompue jusqu'à ce jour. Dans le onzième siècle, le titre de *pape* leur fut exclusivement donné comme une distinction particulière.

46. *Que fit saint Marc, sorti de Rome sous ce pontificat de saint Pierre?* Saint Marc vint en Égypte, où il fonda le siége épiscopal d'Alexandrie. Les quatre siéges principaux de l'Église de Jésus-Christ furent alors Jérusalem, Antioche, Alexandrie et Rome.

47. *Quels écrits des apôtres parurent dans ce temps?* Saint Pierre et saint Paul écrivirent la plupart de leurs épîtres vers l'an 50.

48. *Que fit particulièrement saint Paul pour répandre le christianisme?* Après avoir prêché la religion nouvelle dans la plus grande partie de l'Asie Mineure, saint Paul vint à Athènes, où, ayant lu sur un autel cette inscription : *Au Dieu inconnu,* il prit de

---

(1) 44 ans après J. C.

là l'occasion de faire connaître le christianisme, et réussit à convertir Denys, juge de l'aréopage ; puis, après avoir parcouru la Grèce, il revint à Jérusalem, où il arriva le jour de la Pentecôte.

49. *Que fit saint Paul à Jérusalem?* Accusé d'avoir profané le temple, saint Paul fut conduit à Césarée, devant le gouverneur Félix ; il y plaida victorieusement sa cause, en présence du jeune Hérode Agrippa, et de son épouse Bérénice.

50. *Quelles furent ensuite les occupations de saint Paul?* Saint Paul, ayant été embarqué pour être conduit à Rome devant l'empereur, fit naufrage sur les côtes de l'île de Malte, où il porta la parole évangélique ; puis il vint à Rome, où il séjourna deux ans, et il y écrivit la plupart de ses épîtres.

51. *Quels autres événements signalèrent encore cette époque?* Vers l'année 59, saint Luc écrivit les Actes des apôtres ; saint André souffrit le martyre en Grèce, saint Thomas aux Indes, saint Simon et saint Jude Thaddée en Perse.

52. *Comment eut lieu la première persécution contre les chrétiens?* L'empereur Néron,

imputant aux chrétiens l'incendie de la ville de Rome, suscita la *première persécution* contre les chrétiens. On crucifia les uns comme des esclaves ; d'autres, couverts de peaux de bêtes, étaient dévorés par les chiens, ou, enduits de matières inflammables, ils servaient, en brûlant, à éclairer les jardins de Néron (1).

A saint Pierre, à saint Paul la vie est arrachée ;
L'un périt sur la croix, et l'autre par l'épée.
Saint Lin remplace Pierre immédiatement,
Et siégent après lui saint Clet et saint Clément.

53. *Quelle fut dans cette persécution la fin des apôtres saint Pierre et saint Paul ?* Saint Pierre et saint Paul, ayant été enfermés dans le Capitole, convertirent leurs gardes et d'autres prisonniers, puis les baptisèrent. Néron fit alors crucifier saint Pierre sur le mont Janicule. Cet apôtre demanda à être attaché la tête en bas, se jugeant indigne de mourir comme son divin Maître. Saint Paul, en sa qualité de citoyen romain, ne fut point cru-

(1) 64 ans après J. C.

cifié, mais il eut la tête tranchée sur la place des Fontaines, dites *Aquæ Salviæ* (1).

54. *Qui succéda immédiatement à saint Pierre dans l'épiscopat de Rome?* Saint Lin, Toscan, disciple de saint Pierre, prit le gouvernement de l'Église universelle, vers le temps où saint Ignace, martyrisé depuis, sous Trajan, gouvernait l'église d'Antioche.

55. *Que devint Jérusalem sous le pontificat de saint Lin?* Titus, fils de l'empereur Vespasien, après un siége des plus mémorables, prit Jérusalem, y fit mettre le feu de tous côtés, et, dès qu'il eut fait abattre ce qui restait du temple, il y fit passer la charrue. Ainsi s'accomplirent les prédictions des prophètes et de Jésus-Christ lui-même (2).

La persécution renaît plus violente;
Mais de Domitien la rage est impuissante;
La religion croit sous le fer des tyrans.
Saint Jean meurt dans Éphèse à l'âge de cent ans.

56. *Quels pontifes succédèrent à saint Lin?* Après la mort de saint Lin, qui souffrit le

(1) 66 ans après J. C.
(2) 70 ans après J. C.

martyre, saint Clet ou Anaclet et saint Clément gouvernèrent successivement l'Église; c'est sous ce dernier pontife qu'eut lieu la *seconde persécution* contre les chrétiens, suscitée par l'empereur Domitien (1).

57. *Quel fut, dans la seconde persécution, le sort de l'apôtre saint Jean l'Évangéliste?* D'après l'ordre de l'empereur, saint Jean l'Évangéliste, le disciple bien-aimé du Sauveur, fut plongé dans une chaudière d'huile bouillante; il en sortit sans avoir éprouvé aucun mal, et fut relégué dans l'île de Pathmos.

58. *Que fit saint Jean dans cette île?* Saint Jean y écrivit son Apocalypse, qui renferme ses révélations: après la mort de Domitien, il vint à Éphèse, où l'on croit qu'après avoir composé son Évangile, il mourut âgé d'environ cent ans.

59. *Quel précepte répétait toujours saint Jean dans son extrême vieillesse?* Hors d'état de faire de longs discours aux fidèles, saint Jean leur répétait sans cesse le précepte de la charité chrétienne par ces paroles : « Mes petits enfants, aimez-vous les uns les autres. »

---

(1) 95 ans après J. C.

Et, pour engager ses disciples à suivre ce conseil, il leur disait : « Mes amis, c'est le précepte du Seigneur ; et, si vous le gardez, il suffit pour être sauvés. »

60. *Quelle institution doit-on à saint Clément ?* Saint Clément institua les notaires apostoliques, chargés d'écrire les faits ou actes des martyrs.

61. *Comment finit saint Clément après avoir été relégué dans la Chersonèse ?* Saint Clément fut jeté, avec une pierre au cou, dans le Pont-Euxin, où son corps fut miraculeusement découvert depuis par les chrétiens.

62. *Quels événements vinrent affliger l'Église dans ce temps ?* On vit naître plusieurs hérésies, entre autres celles de *Simon* le Magicien, qui voulut acheter des apôtres le pouvoir de donner le Saint-Esprit ; c'est de son nom que l'on a nommé *simonie* le trafic des choses saintes. La pureté de la loi fut maintenue, dans le premier siècle, par les décisions et les écrits des apôtres, et plus tard par les conciles qui remédièrent aux maux dont l'Église fut affligée, mais sans pouvoir les détruire entièrement.

IIe SIÈCLE APRÈS JÉSUS-CHRIST

DEPUIS L'AN 101 JUSQU'A L'AN 201.

---

63. *Par qui la troisième persécution contre les chrétiens fut-elle ordonnée au commencement de ce siècle ?* La *troisième persécution* fut ordonnée par l'empereur Trajan, qui était cependant doux et humain, mais qui craignait que la religion nouvelle n'apportât du trouble dans l'empire (1).

64. *Quels pontifes moururent pendant cette persécution ?* Saint Ignace, évêque d'Antioche, fut conduit à Rome, et dévoré dans l'amphithéâtre par les bêtes ; et saint Siméon, propre parent de J. C., le dernier de tous ceux qui l'avaient vu, expira sur une croix.

L'Église admet le chant dans ses cérémonies.
Justin, sous Antonin, fait deux Apologies.

(1) 106 ans après J. C.

65. *Quelle fut la première église où l'on admit l'usage de chanter ?* On croit qu'au temps du pape Anaclet on commença à chanter les psaumes à deux chœurs alternativement dans l'église d'Antioche, où saint Ignace, qui en était évêque, crut les avoir entendu chanter de la sorte par les anges.

66. *Quelles cérémonies adopta aussi l'Église dans ce temps ?* L'Église consacra, vers le commencement du deuxième siècle, les cérémonies qui regardent la célébration de l'office divin, et en particulier, comme on le croit, l'usage de faire communier les fidèles à chaque messe où ils assistaient. Le pape saint Alexandre confirma l'usage de l'eau bénite, destinée à rappeler la grâce du baptême et la nécessité d'être pur pour participer aux saints mystères.

67. *Quelle traduction importante fut faite sous le pape saint Sixte ?* Aquila, de Sinope, traduisit la Bible en grec ; mais, à cause de son attachement opiniâtre aux rêveries de l'astrologie judiciaire, il fut ensuite chassé de l'Église, et passa à la religion des Juifs (1).

(1) 130 ans après J. C.

68. *Quel adoucissement éprouvèrent les fidèles sous le règne d'Adrien?* Plusieurs apologies des chrétiens commencèrent à paraître sous le règne de l'empereur Adrien. Quadratus, évêque d'Athènes, osa les défendre par un écrit public, et saint Justin se fit l'apologiste du christianisme.

69. *Qui était saint Justin?* Saint Justin était un philosophe platonicien, né en Palestine, et converti à la foi de Jésus-Christ par les persécutions qu'il voyait souffrir aux chrétiens.

70. *Que fit saint Justin en faveur des chrétiens?* Saint Justin présenta à l'empereur Antonin la première de ses deux apologies, dans laquelle il réfutait les calomnies qu'on imputait aux chrétiens, et il obtint de ce prince un décret qui leur était favorable.

Polycarpe et Gervais sont martyrs vers le temps
Où le soldat chrétien dompte les Marcomans.

71. *Quels maux éprouvèrent les chrétiens vers le milieu du deuxième siècle?* L'empe-

reur Marc-Aurèle, prévenu contre les chrétiens par les calomnies dont ils étaient l'objet, ordonna la *quatrième persécution* (1).

72. *Quels furent les martyrs les plus célèbres dans cette persécution ?* Pendant cette quatrième persécution, saint Polycarpe fut condamné à être brûlé vif ; saint Gervais et saint Protais furent décapités ; saint Anicet et saint Justin scellèrent aussi la foi de leur sang.

73. *Sait-on quelque chose de positif sur saint Gervais et saint Protais ?* On ignore l'histoire et les circonstances de la vie et du martyre de saint Gervais et de saint Protais : mais on sait que leurs corps furent trouvés à Milan, en 386, par saint Ambroise, lorsqu'il se disposait à y dédier la grande église connue sous le nom de basilique Ambrosienne.

74. *Comment la quatrième persécution fut-elle interrompue ?* Marc-Aurèle fit cesser la quatrième persécution, à cause de la victoire que remporta la légion des soldats chrétiens, nommée depuis *Légion foudroyante*, dans la guerre que l'empereur faisait aux Marco-

(1) 166 ans après J. C.

mans (1). Mais, trois ans après, la persécution se ranima dans les Gaules, à Autun, où saint Symphorien signala son courage, et à Lyon, qu'illustra le martyre de son digne évêque saint Pothin.

> Le flambeau de la foi, sous le pape Éleuthère,
> Répand sur les Bretons sa divine lumière.
> Pâques à divers jours se célébrait encor ;
> Mais ce jour au dimanche est fixé par Victor.

75. *Quels progrès fit le christianisme sous le pape Eleuthère ?* Sous le pontificat d'Éleuthère, Lucius, roi de la Grande-Bretagne, envoya à Rome une ambassade pour demander un missionnaire qui enseignât la religion chrétienne dans ses États, où elle s'étendit, selon Tertullien, en des lieux qui n'avaient pas encore été atteints par la domination romaine (2).

76. *Quelle était vers le milieu du deuxième siècle l'étendue de l'Eglise chrétienne ?* Les chrétiens étaient répandus en Orient, dans

(1) 174 ans après J. C.
(2) 177 ans après J. C.

l'Asie Mineure, la Syrie, l'Égypte, la Grèce ; en Occident, dans l'Italie, les Gaules, la Germanie, la Grande-Bretagne, l'Afrique ; on en trouvait encore dans la Perse et dans les Indes, et chez des peuples barbares et presque inconnus.

77. *Quelle mesure tenta le pape Victor?* Pour faire cesser la contestation qui s'était élevée sur le jour où l'on devait célébrer la fête de Pâques, le pape Victor voulut excommunier les Orientaux, qui l'avaient fixée, à la manière des Juifs, le quatorzième jour de la lune de mars ; mais saint Irénée, évêque de Lyon et disciple de saint Polycarpe, détourna Victor de ce dessein.

78. *Comment cette affaire fut-elle terminée ?* Six conciles furent tenus à ce sujet, et le concile de Nicée, en 325, fixa la fête de Pâques au dimanche qui suit immédiatement le quatorzième jour de la lune de mars (1).

79. *Quelles étaient les mœurs générales des chrétiens pendant ce siècle ?* La simplicité de

---

(1) Pour se conformer à cette intention, l'Église célèbre la fête de Pâques le dimanche après la pleine lune qui suit l'équinoxe du printemps ou qui arrive ce jour-là.

la primitive Église, une charité sans bornes, une grande pureté de cœur et d'esprit animaient alors les chrétiens ; il n'était pas nécessaire de faire beaucoup de lois, elles se trouvaient toutes dans l'Évangile ; le christianisme était dans toute sa vigueur.

IIIᵉ SIÈCLE APRÈS JÉSUS-CHRIST

DEPUIS L'AN 201 JUSQU'A L'AN 301.

Pour la cinquième fois, sous l'empereur Sévère,
Vers deux cent, aux chrétiens on suscite la guerre,
Ulpien, ennemi du Christ et de ses lois,
De ses sophismes vains s'arme contre la croix.

80. *Quels maux eurent à souffrir les chrétiens au commencement du troisième siècle après J. C.?* L'empereur Sévère s'était d'abord montré favorable aux chrétiens ; mais la dixième année de son règne, il ordonna contre eux la *cinquième persécution*, l'une des plus cruelles qu'ils eussent endurées (1).

81. *Où se fit sentir particulièrement cette persécution?* Cette cinquième persécution s'étendit principalement dans les Gaules : la ville de Lyon fut presque totalement dépeuplée. Saint Irénée, qui en était évêque, reçut le martyre avec tous les fidèles. Entre autres

---

(1) 202 ans après J. C.

victimes célèbres, on cite encore le pape saint Victor de Léonide, père du fameux Origène.

82. *Quel usage s'introduisit alors dans l'Église?* Le pape Zéphyrin remplaça par des calices de métal les calices de bois, dont on s'était servi jusque-là.

83. *Qui était Ulpien?* Ulpien était un jurisconsulte célèbre qui vivait sous l'empereur Alexandre Sévère; son attachement au paganisme le rendit cruel envers les chrétiens, qu'il persécuta contre le gré de son maître.

Origène paraît : de son brillant génie
Par ses nombreux écarts la gloire est obscurcie.

84. *Comment l'Église fut-elle consolée des maux qu'elle endurait?* Les chrétiens furent consolés de leurs souffrances par l'apparition de quelques hommes aussi grands en science qu'en sainteté. On remarque au premier rang Origène et Tertullien.

85. *Qui était Origène?* Origène, né à Alexandrie, était fils du saint martyr Léonide; il est regardé comme une des colonnes

de l'Église. A l'âge de 18 ans, il compta au nombre de ses disciples tout ce qu'il y avait de savants parmi les chrétiens et de philosophes parmi les païens. A la sollicitation de saint Ambroise, son ami, il publia une apologie de la religion chrétienne, remplie de preuves solides et la mieux écrite de toutes celles que l'antiquité nous a laissées. On le surnomma *Adamantinus* (le diamant), à cause de son infatigable assiduité au travail et de la force de ses écrits.

86. *Que reproche-t-on à Origène?* On reproche cependant à Origène plusieurs erreurs qui semblent empruntées de la philosophie platonicienne, mais que son zèle pour la religion fit oublier.

87. *Quel était le zèle d'Origène pour la foi?* Origène avait abandonné toute sa fortune pour embrasser la défense des chrétiens ; il les visitait dans leurs prisons, les accompagnait au supplice, et fut sur le point d'être plusieurs fois lapidé ; ayant été jeté dans une prison, il supporta ses souffrances avec constance, et rien ne put ébranler son courage.

88. *Comment mourut Origène?* Origène, malgré les persécutions que souffraient les

chrétiens, mourut en paix vers l'année 253.

89. *Qui était Tertullien?* Tertullien était un prêtre de Carthage, qui passa à Rome durant la persécution de l'empereur Sévère, et y défendit la religion chrétienne avec une éloquence et une érudition rares.

90. *Que disait Tertullien pour prouver l'injustice des gentils à l'égard des chrétiens?* « Si le Tibre inonde les terres, disait-il, et si le Nil ne les fertilise point, on crie : *Livrez les chrétiens aux lions;* on veut que nous soyons la cause de tous les malheurs, comme si, avant la venue de Jésus-Christ, il n'était pas arrivé de semblables calamités! »

90 bis. *Ne fait-on pas aussi des reproches à Tertullien?* Malgré les grands services qu'il a rendus à la religion, on reproche à Tertullien d'avoir donné dans plusieurs erreurs qui ont contristé l'Église et qu'il a soutenues avec opiniâtreté.

91. *Quelles étaient du temps de Tertullien les mœurs des chrétiens?* Les chrétiens se réunissaient pour prier Dieu en commun, sous la présidence de vieillards d'une vertu éprouvée; le trésor était commun et servait à l'entretien de tous les malheureux. Les repas nommés *agapes* (*charité*) se prenaient aussi en commun; pauvres et riches y étaient admis; ils commençaient et finissaient par la prière.

<blockquote>
Sans rompre l'unité, le grand saint Cyprien
Est d'un avis contraire au pontife romain.
Maximin fait au Christ une guerre nouvelle.
Celle que lui fait Dèce est encor plus cruelle;
Et pour vivre au désert Paul se retire alors.
</blockquote>

92. *Qui ordonna la sixième persécution?* L'empereur Maximin, haïssant les chrétiens, ordonna contre eux la *sixième persécution*, il les accusa de conspiration et tourmenta principalement les évêques; il fit brûler tous les édifices dans lesquels s'assemblaient les fidèles (1).

93. *Que fut saint Cyprien?* Né à Carthage d'une famille illustre et converti à la foi par les soins du prêtre Cécilius, saint Cyprien vendit ses biens pour en distribuer le prix aux pauvres, se livra à l'étude de la philosophie chrétienne, et, malgré sa répugnance, occupa la chaire épiscopale de Carthage (2).

(1) 237 ans après J. C.
(2) 249 ans après J. C.

94. *Quelle discussion vint occuper l'église d'Afrique et l'église de Rome?* Une grande question s'éleva sur le baptême donné par les hérétiques ; saint Cyprien avec toute l'église d'Afrique pensait que le baptême ne pouvait s'administrer hors de l'Église ; le Pape Étienne et l'église de Rome, au contraire, pensaient que le baptême était valide, quel qu'en eût été le ministre. Cette différence d'opinion ne rompit point cependant l'unité ; un concile plénier décida la question selon l'opinion de l'Église romaine.

95. *Qui ordonna la septième persécution contre les chrétiens ?* La septième persécution fut ordonnée par l'empereur Dèce, qui épuisa contre les chrétiens tous les raffinements de la cruauté. Le pape saint Fabien, saint Alexandre, évêque de Jérusalem, saint Babylas, évêque d'Antioche, et saint Pierre, prêtre de Smyrne, en furent les plus illustres victimes ; saint Cyprien, saint Grégoire, évêque de Néocésarée, surnommé le *Thaumaturge* (qui fait des miracles), furent obligés de fuir pour échapper à la mort (1).

(1) 250 ans après J. C.

96. *Quel ermite se retira vers ce temps dans le désert?* L'ermite saint Paul, à l'occasion de la septième persécution, se réfugia au fond d'un désert, où il goûta, pendant quatre-vingt-dix ans, le plaisir de la contemplation ; le premier il donna l'exemple de la vie solitaire, et dans la suite il eut pour disciple saint Antoine.

Valérien contre Dieu redoublant ses efforts,
Cyprien, Laurent, Sixte et le jeune Cyrille,
Pleins d'une sainte ardeur, meurent pour l'Évangile.

97. *Sous quel empereur eut lieu la huitième persécution?* La *huitième persécution* eut lieu sous l'empereur Valérien, qui regardait les chrétiens comme ses ennemis ; dans cette persécution, saint Cyprien fut décapité. les papes Étienne et Sixte donnèrent leur sang, et le diacre Laurent périt par le supplice du gril brûlant (1). Saint Cyprien aurait pu éviter la mort, mais il voulut souffrir le martyre à la vue de son église, pour relever le courage de son troupeau. Dès qu'on lui eut lu sa sentence, il répondit : « Dieu soit loué ; » il ôta lui-même ses vêtements, fit don-

(1) 257 ans après J. C.

ner vingt-cinq écus d'or à celui qui devait le décapiter, et consomma courageusement son sacrifice.

98. *Quel autre exemple de courage vit-on pendant cette persécution?* Un jeune enfant nommé Cyrille, né de parents idolâtres, fut chassé de la maison paternelle pour n'avoir point voulu invoquer les faux dieux; conduit au supplice, il exhortait les assistants à ne point le plaindre; et il leur parlait, au contraire, de la gloire céleste qui l'attendait.

99. *Comment les chrétiens se vengeaient-ils des maux qu'on leur faisait endurer?* Les chrétiens n'opposaient que la patience et une admirable résignation à toutes les persécutions qu'on leur faisait souffrir; ils rendaient toujours le bien pour le mal. Une peste affreuse s'étant répandue dans toutes les provinces de l'empire, on les vit se dévouer pour secourir les malades et ceux mêmes qui ne cessaient de les tourmenter.

100. *Qui ordonna la neuvième persécution?* La *neuvième persécution* fut ordonnée par Aurélien, mais elle fut arrêtée par la mort de cet empereur (1).

(1) 275 ans après J. C.

101. *Quels personnages eut-on à regretter vers ce temps?* Saint Denis, premier évêque de Paris, autre que l'Aréopagite, fut martyrisé avec ses deux compagnons, Rustique et Éleuthère, pendant la *neuvième persécution,* qui ne s'éteignit que dans le sang du pape saint Félix.

102. *Quel sort éprouva saint Maurice pendant la neuvième persécution?* Saint Maurice, chef de la légion thébaine, composée presque entièrement de chrétiens, aima mieux souffrir la mort avec ses soldats que de sacrifier aux faux dieux. Il reçut la couronne du martyre en 286.

103. *Quel fut l'état de l'Église dans le troisième siècle?* Indépendamment des persécutions, plusieurs schismes et un grand nombre d'hérésies vinrent affliger l'Église. Cependant des prélats et des docteurs illustres brillèrent dans les conciles, édifièrent les fidèles par leurs exemples et les éclairèrent par leurs écrits. La plupart des papes ne descendirent de la chaire de saint Pierre que par un glorieux martyre.

104. *Quels furent les principaux hérésiarques qui parurent dans ce siècle?* Parmi les principaux hérésiarques qui parurent alors, on distingue *Novatien*, qui refusait la pénitence à ceux qui étaient tombés dans le crime après le baptême ; et *Manès,* chef des *manichéens*, qui, après s'être converti au christianisme, s'en déclara le plus mortel ennemi. Il admettait deux principes et deux âmes dans l'homme ; il empêchait le mariage, proscrivait l'aumône et défendait de croire que Jésus-Christ se fût incarné. Il se faisait nommer le Paraclet, et était toujours suivi de douze disciples qu'il appelait ses apôtres. Cette secte fut anathématisée dans un concile tenu en Mésopotamie : dans la suite, saint Augustin acheva de la confondre.

105. *Comment les fidèles étaient-ils instruits dans la religion chrétienne?* Dans ces premiers siècles du christianisme, l'Église était l'école où se réunissaient les chrétiens de tous les âges et de toutes les conditions. Les Écritures étaient expliquées par l'évêque lui-même, ou, lorsqu'il ne pouvait remplir ce devoir, par un prêtre que ses vertus rendaient digne de le remplacer. Dans les familles, c'était le père qui se chargeait d'instruire sa famille, ses enfants, ses domestiques.

106. *Que se passait-il lorsqu'on admettait un nouveau membre parmi les chrétiens?* Dès que quelqu'un demandait à se convertir, on le menait à l'évêque ou à l'un des prêtres, qui s'assurait de sa vocation ; puis il était fait *catéchumène* par l'imposition des mains ; il était marqué au front du signe de la croix, suivait les sermons, et se préparait pendant deux ans à recevoir le *baptême*. Le temps du catéchuménat pouvait être abrégé suivant les progrès du *catéchumène*.

107. *Quand le baptême était-il administré?* Le baptême n'était administré régulièrement que la veille de Pâques ou de la Pentecôte. Il se donnait aux catéchumènes qui s'y étaient préparés par le jeûne, les prières et la confession. Dans les cas de nécessité, on baptisait en tout temps.

108. *Comment administrait-on le baptême?* Le jour du baptême étant arrivé, les catéchumènes étaient amenés au baptistère, où se trouvait une cuve assez profonde remplie d'eau. Ils récitaient le symbole des apôtres, et descendaient dans les fonts, les hommes soutenus par leurs parrains, les femmes par leurs marraines. L'évêque ou le prêtre faisait alors une triple immersion au nom des trois personnes divines. Lorsqu'il y avait deux cuves, on baptisait les sexes à part ; lorsqu'il n'y en avait qu'une, les femmes et les filles n'étaient baptisées qu'après les hommes.

109. *Quel nom prenaient les nouveaux baptisés ? Quels vêtements et quelle nourriture leur donnait-on ?* Les nouveaux baptisés prenaient le nom de *néophytes*, c'est-à-dire *nouveau-nés*, quelque âge qu'ils eussent. On leur faisait manger du lait et du miel, première nourriture des enfants, pour marquer leur entrée dans une vie nouvelle ; pendant les huit premiers jours, ils portaient une robe blanche qu'ils avaient reçue en sortant des fonts, et qui était le symbole de l'innocence qu'ils avaient recouvrée. Le néophytisme durait une année.

IVe SIÈCLE APRÈS JÉSUS-CHRIST

DEPUIS L'AN 301 JUSQU'A L'AN 401.

Pour la dixième fois après Aurélien,
Le sang chrétien coula sous Dioclétien.

110. *Qu'arriva-t-il aux chrétiens au commencement du quatrième siècle après J. C.?* Les chrétiens, au commencement du quatrième siècle, eurent à souffrir la *dixième et dernière persécution*, commencée à la fin du troisième siècle, par Dioclétien à l'instigation de son collègue Galère. Elle surpassa en violence toutes celles qui l'avaient précédée. On l'a désignée dans l'histoire de l'Eglise sous le nom d'*ère des martyrs* ou de *Dioclétien* (1).

111. *Sous quel empereur cette persécution fut-elle continuée?* Elle fut continuée sous le tyran Maxence, qui accabla de cruautés tous les chrétiens, qu'il soupçonnait être

(1) 303 ans après J. C.

du parti de Constantin, son rival à l'empire.

112. *Donnez une idée des tourments qu'endurèrent les chrétiens.* Sur la fin de la persécution, la fureur des bourreaux s'était ranimée ; les chrétiens étaient crucifiés la tête en bas, rôtis sur des grils, ou étouffés dans un feu lent ; on leur enfonçait sous les ongles des roseaux pointus ; on jetait sur eux du plomb fondu ; des villes entières étaient entourées de soldats et brûlées avec leurs habitants.

Constantin converti protége enfin l'Église.
L'hérétique Arius la trouble et la divise.

113. *Quel événement fit cesser les maux que souffraient les chrétiens ?* La conversion de l'empereur Constantin mit un terme aux souffrances des chrétiens, et ruina l'idolâtrie (1).

114. *A quelle occasion Constantin fut-il converti ?* Au moment où Constantin combattait contre son ennemi Maxence, il vit dans les airs le signe de la croix avec cette inscription : « *In hoc signo vinces* : Tu vaincras sous cette enseigne ; » et il remporta en effet une

(1) 312 ans après J. C.

victoire complète. Dès lors cet empereur professa publiquement le christianisme, et fit placer sur le *Labarum,* étendard particulier qui accompagnait l'empereur dans les batailles, le monogramme grec du Christ, fabriqué en or et incrusté de pierres précieuses.

115. *Comment Constantin montra-t-il sa protection envers les chrétiens?* Constantin, que sa mère sainte Hélène avait élevé dans les principes de la morale chrétienne, s'appliqua à remédier aux maux qu'avaient faits ses prédécesseurs; il fit rendre aux chrétiens les églises, en fit bâtir de nouvelles. Puis il plaça la croix sur sa couronne et sur ses étendards. Il donna au pape Melchiade le palais impérial de Latran; dès lors le christianisme fut professé publiquement.

116. *Quelle était la confiance de Constantin dans les chrétiens?* Constantin avait une si grande vénération pour la morale du christianisme, qu'il chargea le célèbre orateur Lactance de l'éducation de son fils Crispus.

117. *Quelles calamités désolèrent l'Eglise à la fin du règne de Constantin?* Après que Constantin eut rendu la paix à l'Église, le relâchement s'introduisit parmi les chrétiens;

plusieurs schismes vinrent rompre l'unité de croyance et exciter des controverses religieuses qui affaiblirent la foi.

118. *Parmi les hérésies qui prirent alors naissance, quelle est la plus fameuse?* Dans le nombre des hérésies qui parurent vers ce temps, on remarque celle que soutint *Arius*, prêtre d'Alexandrie, qui niait la divinité de Jésus-Christ : c'est de son nom que cette hérésie a été appelée *arianisme*.

119. *Que fit Constantin pour rétablir la tranquillité dans l'Eglise?* Constantin, voulant mettre un terme aux troubles qui divisaient les fidèles, convoqua à Nicée, en Bithynie, le *premier concile œcuménique* ou *général*, composé de 318 évêques. Le pape saint Sylvestre, ne pouvant y assister à cause de son grand âge, se fit représenter par deux légats, Vitus et Vincent; et l'empereur s'y rendit en personne avec toute la pompe convenable; après plusieurs séances, l'hérésie d'Arius fut solennellement condamnée. Il fut reconnu que Jésus-Christ est *Dieu*, Fils de Dieu, égal et *consubstantiel* à son Père. Il résulta de ce concile une formule ou profes-

sion de foi connue sous le nom de *Symbole de Nicée* (1).

120. *Quel jeune diacre se distingua dans ce concile?* Athanase, dans le concile de Nicée, confondit par son éloquence l'hérésiarque Arius, et devint depuis évêque d'Alexandrie. On a tiré de ses écrits un symbole connu sous le nom de *Symbole de saint Athanase.*

Athanase le Grand se voit persécuté.
Le désert est alors par Antoine habité.

121. *Pourquoi saint Athanase fut-il inquiété lorsqu'il fut évêque d'Alexandrie?* Saint Athanase fut attaqué avec violence par les ariens, parce qu'il défendait contre eux avec ardeur la foi de Nicée; ils le calomnièrent partout, et réussirent à le faire exiler par l'empereur Constantin à Trèves, où il ne cessa d'écrire pour la défense de la foi de Nicée.

122. *Comment cessa l'exil de saint Athanase?* L'empereur Constantin, sur le point de mourir, le rappela et lui permit de retourner à Alexandrie; mais saint Athanase n'y reparut que sous le règne de Constance.

(1) 325 après J. C.

123. *Quelle découverte fit-on vers ce temps ?*
L'impératrice Hélène, mère de l'empereur Constantin, ayant visité le Calvaire, où l'on avait bâti un temple païen, fit creuser profondément la terre, et découvrit la grotte où avait reposé le corps de Jésus-Christ, et tout auprès trois croix. Il restait à distinguer la croix du Sauveur de celles des deux larrons qui avaient été crucifiés à ses côtés. L'évêque de Jérusalem proposa de les faire toucher à une femme qui était dans un état désespéré. La malade en toucha inutilement deux, mais à peine se fut-elle approchée de la troisième qu'elle fut guérie. On reconnut par ce miracle la croix à laquelle avait été attaché le Sauveur. Constantin fit élever à cet endroit une église qui est nommée le *Saint-Sépulcre*.

124. *Par qui la ferveur, la foi des premiers chrétiens furent-elles conservées et perpétuées ?* Pour conserver la tradition, la pratique exacte de l'Évangile et la pureté de mœurs qui caractérisait les premiers chrétiens, de pieux solitaires se retirèrent dans les déserts de la Thébaïde. Ils y menaient une vie austère, se livrant à la prière, au jeûne et à l'aumône ; ils étonnaient le monde par leurs vertus et par leur zèle pour la foi catholique. On les appelait *ermites*, c'est-à-dire *habitants des déserts*, ou *anachorètes*, lorsqu'ils vivaient dans une profonde solitude.

125. *Que devinrent ces pieux solitaires?* Plusieurs de ces pieux cénobites formèrent des communautés très-nombreuses et leur donnèrent des règles de conduite. Les principaux furent *saint Antoine*, qui établit la communauté de Phaïum, en Égypte, et qui est regardé comme le fondateur des ordres monastiques en Orient; *saint Pacôme*, qui donna une règle à celle de Tabenne, dans la Thébaïde; plus tard, *saint Basile*, qui imita cet exemple dans le Pont et la Cappadoce.

126. *Quel fut l'état de l'Église pendant le règne des fils de Constantin?* L'Église, sous le règne des fils de Constantin, continua à être troublée par les évêques ariens, qui persécutèrent de nouveau saint Athanase; enfin, pour terminer cette longue dissension, les empereurs Constance et Constant, à la prière du pape saint Félix, assemblèrent à Sardique, en Mœsie, un concile qui ne fit qu'envenimer les choses (1).

(1) 347 après J. C.

127. *Dans quel état se trouva l'Eglise après le concile de Sardique?* L'empereur Constance favorisa de plus en plus les ariens, et voulut imposer leurs dogmes aux fidèles. L'Église fut remplie de confusion et de troubles. Les évêques, les saints anachorètes, les laïques, les monastères, enfin tout ce qui professait la foi orthodoxe fut persécuté; jamais les princes idolâtres n'avaient déployé plus de rigueur.

128. *Jusqu'où l'arianisme pénétra-t-il?* L'arianisme pénétra jusque dans l'Inde, où il fut porté par l'évêque Théophile, et dans l'Abyssinie, que ce prélat convertit au christianisme, tout en y introduisant cette hérésie.

Julien l'Apostat, dans sa fureur impie,
Voudrait anéantir la foi qu'il a trahie.

129. *Quelle nouvelle persécution la religion chrétienne eut-elle à éprouver de la part de l'empereur Julien?* Julien, surnommé l'*Apostat*, qui avait été élevé dans le christianisme, mais qui l'avait quitté pour embrasser le paganisme, conçut le projet d'anéantir la religion de Jésus-Christ et de rétablir le culte des faux dieux.

130. *Quel moyen employa-t-il pour essayer de parvenir à son but ?* Pour réussir dans son projet, Julien, qui affectait de se montrer philosophe, tourna en ridicule les cérémonies du christianisme ; il fomenta la division entre les hérétiques et les catholiques, s'empara des biens du clergé, afin, disait-il, de lui faire pratiquer la pauvreté évangélique, exclut de toute charge les chrétiens, qu'il appelait *Galiléens*, et ne leur permit pas de se livrer à l'étude des sciences et des lettres, prétendant qu'ils devaient rester dans l'ignorance et croire sans raisonner.

131. *Qu'arriva-t-il lorsqu'il voulut faire rebâtir le temple de Jérusalem ?* Ce prince, ayant voulu démentir la prédiction de Jésus-Christ sur Jérusalem, ordonna de rebâtir cette ville et son temple : mais des globes de feu sortirent de terre avec un grand bruit, s'élancèrent à plusieurs reprises sur les ouvriers et les engloutirent au milieu des flammes.

132. *Que devenaient alors les chrétiens en Perse ?* Les chrétiens n'étaient pas seulement maltraités dans l'empire romain, ils souffraient encore en Perse une horrible persécution or-

donnée par Sapor II, et plusieurs évêques d'Asie donnaient leur vie pour la foi.

133. *Qu'était devenu saint Athanase depuis le concile de Sardique ?* Tantôt protégé, tantôt persécuté, selon l'influence qu'exerçaient les ariens sur les empereurs, saint Athanase se vit plusieurs fois obligé de quitter son église et de se dérober aux transports des fanatiques ariens, pour aller chercher un refuge dans les déserts de la Thébaïde. C'est dans ces solitudes qu'il composa la plupart des écrits qui l'ont placé à la tête des quatre grands docteurs de l'Eglise grecque. Il revint à Alexandrie pendant le règne de Valens, et mourut en 373.

134. *Comment cessèrent les maux qui désolaient l'Église ?* L'empereur Gratien s'étant associé Théodose, ces deux princes rendirent la tranquillité à l'Église en publiant une loi qui obligeait tous les peuples à suivre la religion de Pierre, et à reconnaître une seule Divinité dans les trois personnes de la Trinité. Puis, pour faire cesser toutes les hérésies, Théodose assembla le *second concile œcuménique*.

135. *Contre qui fut assemblé le second concile œcuménique ?* Le second concile œcuménique fut assemblé à Constantinople, autrefois dite Byzance, sous le pape saint Damase, pour condamner l'évêque de cette ville, Macédonius, qui niait la divinité du Saint-Esprit, et qui avait fondé le secte des *macédoniens* (1).

Jérôme est de la Bible interprète savant.
Par Ambroise repris, Théodose se rend.

136. *Quels personnages remarquables vit-on briller dans le quatrième siècle?* Parmi les docteurs fameux qui soutenaient le christianisme dans le quatrième siècle, on remarquait saint Grégoire de Nazianze, saint Basile, saint Jérôme, saint Ambroise, saint Hilaire e saint Martin.

137. *Que firent saint Grégoire de Nazianz et saint Basile?* Étroitement liés par l'amitié saint Grégoire de Nazianze et saint Basil réunirent leurs efforts pour hâter par leur discours et leurs admirables écrits la chute d l'arianisme en Orient. Ils sont tous les deu comptés au nombre des quatres docteurs d l'Église grecque.

(1) 381 ans après J. C.

138. *Qui était saint Jérôme ?* Saint Jérôme était un éloquent docteur de l'Église, qui contribua, par ses savants écrits, à la faire triompher des ariens, et qui, retiré dans la grotte de Bethléem, entreprit des travaux immenses pour expliquer l'Écriture. Il fit, sur l'original hébreu, la version latine de la Bible que toute l'Église a reçue sous le nom de *Vulgate*. Saint Jérôme est placé parmi les quatre docteurs de l'Église latine.

139. *Comment se fit remarquer saint Ambroise, évêque de Milan ?* Saint Ambroise se distingua par son éloquence et par sa fermeté ; il refusa l'entrée de l'église de Milan à l'empereur Théodose, parce que ce prince avait fait massacrer un grand nombre d'habitants de la ville de Thessalonique. Ses écrits sont souvent cités dans l'Église, où leur autorité est d'un grand poids et l'ont fait mettre au nombre des quatre docteurs de l'Église latine.

140. *Faites-nous connaître saint Hilaire et saint Martin ?* Saint Hilaire, évêque de Poitiers, fut l'un des plus illustres défenseurs de la foi de Nicée dans l'Occident ; joignant ses efforts à ceux de saint Am-

broise, il réussit à arrêter les progrès de l'arianisme.

Saint Martin, disciple de saint Hilaire, occupa le siége épiscopal de Tours, et remplit les Gaules, dont il fut l'apôtre, de la sainteté de sa vie et de ses miracles.

Ve SIECLE APRES JÉSUS-CHRIST

DEPUIS L'AN 401 JUSQU'A LA CONVERSION DE CLOVIS, L'AN 496.

A cette époque on voit les veilles abolies,
Et les communautés dans l'Église établies.

141. *Quelle coutume fut abolie vers ce temps?* Au commencement du cinquième siècle on abolit les *veilles,* ou la coutume de prier et de veiller aux tombeaux des martyrs, à cause des abus qui en étaient devenus la suite.

142. *Que substitua l'Église à ces veilles?* L'Église remplaça les veilles par les jours de jeûne, qui ont retenu le nom de *veilles* ou *vigiles,* et par les prières appelées depuis *rogations.*

143. *Quelles furent les communautés établies dans l'Église à cette époque?* On remarque vers le cinquième siècle la communauté des *ermites* et des *chanoines* réguliers institués par saint Augustin, et celle des moines *cénobites,* dont l'institution se répandit et devint célèbre par les règles qu'en publia Jean Cassien, moine illustre, disciple de saint Jean Chrysostome.

144. *Qui était saint Jean Chrysostome?* Saint Jean, surnommé *Chrysostome*, c'est-à-dire *Bouche d'or*, à cause de sa brillante éloquence, était un patriarche de Constantinople, qui se distingua par sa charité et par son ardeur à réformer les mœurs. Il fut persécuté par l'empereur Arcadius, et mourut en exil dans le Pont, en 407. Sa charité le fit surnommer *Jean l'Aumônier*, et ses lumières le firent placer au nombre des quatre grands docteurs de l'Église grecque.

145. *Quel autre personnage illustre vit-on briller dans l'Église d'Afrique à la même époque?* Saint Augustin, nommé évêque d'Hippone, se rendit célèbre par les travaux qu'il entreprit pour faire cesser l'hérésie des *donatistes*, qui niaient l'infaillibilité de l'Église et l'efficacité du baptême donné par les hérétiques. Il composa aussi un grand nombre d'écrits qui pénètrent le cœur. On l'a surnommé le *Docteur de la grâce*, parce qu'il défendit avec une grande autorité et un grand succès ce don de Dieu contre les pélagiens et

les semi-pélagiens, qui en niaient la nécessité. Il laissa encore beaucoup d'autres ouvrages, qui forment un cours complet de théologie et qui l'ont fait placer au nombre des quatre docteurs de l'Église latine (1).

En trente-un dans Éphèse un concile se tient,
Puis au bout de vingt ans Chalcédoine a le sien.

146. *Contre qui se tint le concile d'Éphèse ?* Le concile d'Éphèse, le *troisième des conciles œcuméniques*, eut lieu contre les *pélagiens*, qui professaient plusieurs erreurs sur la grâce, mais particulièrement contre Nestorius, patriarche de Constantinople. Ce concile fut convoqué sous le pape Célestin Ier et sous l'empereur Théodose le Jeune (2).

147. *Qui était Nestorius ?* Nestorius était patriarche de Constantinople ; il reconnaissait deux personnes en Jésus-Christ, et disait que la sainte Vierge n'était pas mère de Dieu,

---

(1) Le pape saint Grégoire le Grand, qui occupa la chaire de saint Pierre en 590, et qui éclaira les fidèles par ses écrits, est le quatrième docteur de l'Église latine (*).
(2) 431 ans après J. C.

(*) Voyez les leçons de chronologie et d'histoire du moyen âge, pages 36 et 37.

mais mère de l'homme, ou de la personne humaine de Jésus-Christ : erreur réfutée par saint Cyrille, patriarche d'Alexandrie, et condamnée par le concile d'Éphèse. Ceux qui partagèrent l'erreur de Nestorius furent appelés *nestoriens.*

148. *Contre qui se tint le concile de Chalcédoine?* Le concile de Chalcédoine, *le quatrième des conciles œcuméniques,* eut lieu contre Eutychès (1), abbé d'un monastère de Constantinople, et contre son adhérent Dioscore, patriarche d'Alexandrie, successeur peu digne du grand saint Cyrille.

149. *Qu'enseignait Eutychès?* Eutychès confondait en une seule les deux natures de Jésus-Christ (divine et humaine) ; mais il fut condamné par le concile d'Éphèse.

150. *Comment s'établit l'usage des revenus sacrés ou ecclésiastiques ?* On assigna vers ce temps aux ecclésiastiques un revenu fixe pour remplacer les aumônes dont ils subsistaient auparavant : telle fut l'origine des premiers bénéfices.

151. *Pourquoi Acace fut-il anathématisé, c'est-à-dire excommunié par le pape saint*

(1) 451 ans après J. C.

Félix ? Acace, patriarche de Constantinople, fut excommunié par le pape saint Félix parce qu'il était secrètement d'accord avec Zénon contre ce pontife, qui avait refusé son assentiment à l'édit d'union appelé *Enotique,* ou de la réunion des hérétiques avec les catholiques.

152. *Que fit Acace pour se venger de cette excommunication ?* Acace fit effacer, en 484, le nom du pape des *diptyques*, c'est-à-dire des registres des différentes églises de son patriarcat.

153. *En quoi l'année 484 est-elle remarquable ?* L'année 484 est remarquable en ce qu'elle fut le commencement des démêlés éclatants qu'eurent les patriarches de Constantinople avec les papes, ceux-ci voulant faire effacer des diptyques, et ceux-là voulant y conserver le nom d'Acace. Ces démêlés amenèrent la séparation de l'Église grecque d'avec l'Église latine.

Attila, Genséric menacent l'Italie,
Léon se montre et parle ; il sauve la patrie.

154. *Quel effet eut l'éloquence merveilleuse du pape saint Léon ?* Attila, roi des Huns, et

Genséric, roi des Vandales, avaient successivement envahi l'Italie et menaçaient Rome d'un pillage affreux : saint Léon se rendit près de ces princes barbares et obtint par son éloquence qu'ils renonceraient à leur dessein d'achever la perte de l'Italie, dont ils étaient les maîtres.

Avec les Francs Clovis à Reims est baptisé,
Et saint Martin de Tours en Gaule est honoré.

155. *Quelle conversion remarquable y eut-il à la fin de ce siècle?* Clovis, roi des Francs, embrassa la religion chrétienne, en 496, avec sa famille, et se trouva le seul roi catholique de son temps. Le christianisme devint la religion dominante en France et il se répandit généralement dans l'occident de l'Europe.

156. *Comment les Francs nouvellement convertis honorèrent-ils saint Martin, évêque de Tours?* Les Francs portaient si loin la vénération pour saint Martin, qu'ils comptèrent les années depuis la mort de cet évêque, et qu'ils portèrent ses bannières dans toutes les batailles. La reine Clotilde elle-même voulut, après la mort de son mari, signaler sa dévo-

tion pour saint Martin en passant les dernières années de sa vie près de son tombeau.

157. *Quels saints personnages vivaient vers ce temps?* Les autres saints personnages qui vivaient au cinquième siècle étaient saint Remi, évêque de Reims, qui baptisa le roi Clovis à Reims, et sainte Geneviève, patronne de Paris.

158. *Quel était alors le gouvernement de l'Église?* L'Église était toujours gouvernée par des *papes*, successeurs de saint Pierre, dont la suite n'a point été interrompue jusqu'à nous sur le siége de Rome, puis par les patriarches et les évêques, d'accord avec les papes.

159. *Qui étaient les patriarches?* Les *patriarches* étaient des chefs de l'Église, qui exerçaient leur juridiction sur toute une contrée : tels furent les patriarches de Jérusalem, d'Antioche et d'Alexandrie.

160. *Quelles sont les fonctions des évêques?* Les *évêques* surveillent plusieurs églises d'une même province, et sont assistés par des *prêtres*, ministres inférieurs, les *diacres* et les *sous-diacres*, dont les fonctions sont moins importantes. Parmi les évêques, on distinguait les *métropolitains*, qui ont la préséance sur les évêques d'une province, et qui aujourd'hui se nomment *archevêques*.

161. *Quelle est l'origine des cardinaux et des curés ou chorévêques?* Le pape Évariste, ayant divisé l'Église de Rome en paroisses, attacha au service régulier de chacune d'elles des prêtres et des diacres auxquels il donna le nom de *cardinaux* ; de là l'origine des cardinaux actuels. L'Église d'Alexandrie ayant aussi été divisée en paroisses, chacune d'elles fut placée sous la conduite d'un prêtre particulier qu'on appela *curé* ou *chorévêque* ; cette charge est celle que remplissent les curés actuels de chaque paroisse.

162. *Qu'entend-on par conciles ?* On entend par *conciles* des assemblées où se réunissent les chefs des différentes églises, soit pour délibérer sur le dogme, soit pour condamner les hérésies, soit pour établir des règles de discipline religieuse. On les appelle *conciles œcuméniques* ou *universels*, quand les évêques de toutes les églises y sont appelés ; *conciles nationaux*, quand les assemblées ne sont composées que des évêques d'une même nation ; et *conciles provinciaux*

ou *synodes,* quand l'assemblée ne renferme que ceux d'une province.

163. *Quelle était la discipline de la primitive Église touchant la pénitence publique?* Dans la ferveur de la primitive Église, il arrivait souvent que ceux qui avaient commis des péchés graves les expiaient par une pénitence publique. Étant entrés dans l'église, ils recevaient, de la main de l'évêque, des cendres sur la tête et des cilices pour vêtements ; ils demeuraient prosternés, pendant que tous les fidèles faisaient à genoux des prières pour eux ; puis on les mettait hors de l'église, dont les portes se refermaient aussitôt devant eux. La durée de la pénitence était proportionnée à la gravité des fautes. Les pénitents passaient par quatre états : *pleurants,* ils se tenaient alors à la porte de l'église ; *auditeurs,* ils n'entraient dans l'église que pour entendre les lectures et les sermons, et en sortaient avant les prières ; *prosternés,* ils étaient admis à prier avec les fidèles, mais à genoux ; *consistants,* ils priaient debout comme les fidèles.

FIN.

APPENDICE

LA BIBLE, ou *Livre par excellence*, contient l'Ancien et le Nouveau Testament.

L'ANCIEN TESTAMENT renferme les livres que reconnaissent les Juifs; ils sont au nombre de quarante-cinq, savoir :

1º Ceux que les Juifs ont nommés LA LOI. Ce sont les cinq livres qui forment LE PENTATEUQUE, écrit par Moïse, savoir : la *Genèse*, l'*Exode*, le *Lévitique*, les *Nombres*, le *Deutéronome*;

2º LES LIVRES HISTORIQUES : *Josué*, les *Juges*, *Ruth*, les quatre livres des *Rois*, les deux livres des *Paralipomènes*, les deux livres d'*Esdras*, *Tobie*, *Judith*, *Esther*, les deux livres des *Machabées*;

3º LES LIVRES MORAUX OU SAPIENTIAUX : *Job*, les *Psaumes*, les *Proverbes*, l'*Ecclésiaste*, le *Cantique*, la *Sagesse*, l'*Ecclésiastique*;

4º LES QUATRE GRANDS PROPHÈTES : *Isaïe*, *Jérémie* et *Baruch*, *Ézéchiel*, *Daniel*;

5º LES DOUZE PETITS PROPHÈTES : *Osée*, *Joël*, *Amos*, *Abdias*, *Jonas*, *Michée*, *Nahum*, *Habacuc*, *Sophonie*, *Aggée*, *Zacharie*, *Malachie*.

APPENDICE.

LE NOUVEAU TESTAMENT renferme vingt-sept ouvrages, savoir :

1° LES QUATRE ÉVANGILES, savoir : celui de *saint Matthieu*, celui de *saint Marc*, celui de *saint Luc* et celui de *saint Jean ;*

2° LES ACTES DES APOTRES, écrits par *saint Luc*, disciple de saint Paul ;

3° QUATORZE LETTRES OU ÉPITRES DE SAINT PAUL : une *aux Romains*, deux *aux Corinthiens*, une *aux Galates*, une *aux Éphésiens*, une *aux Philippiens*, une *aux Colossiens*, deux *aux Thessaloniciens*, deux *à Timothée*, une *à Tite*, une *à Philémon*, une *aux Hébreux ;*

4° LES ÉPITRES CANONIQUES, au nombre de sept, savoir : une de *saint Jacques*, deux de *saint Pierre*, trois de *saint Jean*, une de *saint Jude ;*

5° L'APOCALYPSE DE SAINT JEAN.

TABLE ALPHABÉTIQUE

DE

TOUS LES PERSONNAGES MENTIONNÉS DANS CE VOLUME

Nota. Les chiffres renvoient non aux pages, mais aux questions ; les chiffres marqués d'un astérisque renvoient à la seconde partie (*Histoire ecclésiastique*).

A

Aaron. 90. 96. 100. 106. 112.
Abel. 10. 11.
Abia. 260.
Abimélec. 151. 152.
Abiu. 107.
Abiron. 111.
Abraham. 33 à 43. 45. 46. 49. 50.
Absalon. 214. 215.
Acace. 151*. 152*.
Achab. 232. 233. 237. 260.
Achan. 135.
Achaz. 267.
Adam. 3. 4. 6 à 9. 19.
Adonias. 219.
Adonibezec. 136.
Adrien. 8*.
Agag. 196.
Agapes. 91*.

Agar. 41. 46. 47.
Alexandra. 347.
Alexandre, roi de Macédoine, 317 *bis*. 318. 319.
Alexandre, fils d'Aristobule. 349.
Alexandre Sévère, empereur romain. 83*.
Alexandre (saint), pape. 66*.
Aman. 308. 311. 313.
Amazias. 267.
Ambroise (saint). 73*. 136*. 140*.
Amon. 280.
Amram, 86.
Amri. 232.
Ananias. 294. 298.
Anne, mère de Samuel. 168.
Anne, mère de Tobie. 248.
Anne, la prophétesse. 8*.

TABLE ALPHABÉTIQUE.

Année sabbatique. 125.
André. 34*. 51*.
Antigone. 344.
Antigone, fils d'Aristobule. 349. 350.
Antiochus le Grand. 325.
Antiochus Épiphane. 327. 328. 330. 335.
Antiochus Eupator. 335.
Antiochus Bala. 340.
Antipater. 348.
Antoine. 351.
Antoine (saint). 96*. 125*.
Antonin. 70*.
Aod. 141.
Apollonius. 335.
Aquila de Sinope. 67*.
Arcadius. 144*.
Arche d'alliance. 105.
Aristobule I. 343. 344.
Aristobule II. 348. 349.
Arius, 118*. 119*. 120*.
Asa. 260.
Assarhaddon. 276.
Assuérus. 307. 310. 312. 313. 314.
Athalie. 232. 260. 262. 265.
Athanase. 120* à 122*. 126. 133*.
Attila, 154*.
Auguste. 2*.
Augustin (saint). 143*. 145*.
Aurélien. 100*.
Azarias, roi. 267.
Azarias. 294. 298.
Azer. 66.

B

Baal. 236. 267.
Bacchide. 339.
Bala. 66.
Balaam. 116. 117.
Balac. 116.
Balthasar. 301.
Barac. 142.
Barthélemy (saint). 34*.
Baruch. 286*.
Basile (saint). 125*. 136*. 137*.
Bathuel. 53.
Bel ou Baal. 298.
Benjamin. 66, 79. 80. 81. 82.
Bérénice. 49*.
Bethsabée. 211. 219.
Booz. 175. 176.
Bouc émissaire. 123.

C

Caath. 86.
Caïn. 10. 11. 12. 15.
Caleb. 129.
Cassien. 143*.
Cécilius. 93*.
Célestin, pape. 146*.
Cham. 29. 30. 31.
Chanaan. 30.
Chusan. 140.
Circoncision. 123.
Clément (saint). 56*. 80*. 61*
Clet (saint), 56*.
Clotilde. 156*.
Clovis. 155*.

Conciles. 119*. 135*. 146*. 148*. 162*.
Constance. 126*. 127*.
Constant. 126*.
Constantin. 113* à 116*. 119*. 122*. 123*.
Coré. 111.
Corneille. 33*.
Crispus. 116*.
Cyprien (st). 93*. 94*. 95*. 97*.
Cyrille. 98*.
Cyrille (saint). 147*.
Cyrus. 301. 304.

D

Dagon. 166.
Dalila. 161.
Damase. 135*.
Dan. 66.
Daniel. 287. 294. 295. 299 à 302.
Darius le Mède. 301.
Darius. 306.
Dathan. 111.
David. 176. 198 à 205. 208 à 214. 216 à 221.
Débora. 142.
Décalogue. 99.
Dèce. 95*.
Démétrius Soter. 337. 338.
Denis l'Aréopagite. 48*.
Deutéronome. 221.
Denis (saint). 101*.
Diacres. 29*.
Dina. 66. 67.

Dioclétien. 110*.
Dioscore. 148*.
Domitien. 56*.

E

Ecclésiaste. 226.
Eglon. 141.
Elcana. 168.
Eléazar, grand pontife. 322.
Eléazar, docteur de la loi. 330. 431.
Eléazar Machabée. 334.
Eleuthère. 75*. 101*.
Eliacim. 284.
Elie. 232 à 238. 21*.
Eliézer. 51. 52. 53.
Elisabeth. 1*.
Elisée. 237. 238. 239. 239 *bis.* 240.
Enoch. 17. 18.
Esaü. 54. 55. 56. 57. 58. 63.
Esdras. 395.
Esséniens. 323. 7*.
Esther. 307. 309. 310. 313.
Etienne, diacre. 29*. 30*.
Etienne, pape. 94*. 97*.
Eucharistie. 22*.
Eutychès. 148*. 149*.
Evariste. 161*.
Eve. 4. 6. 7. 8. 9.
Evilmérodach. 299.
Exode. 121.
Ezéchias. 268 à 274.
Ezéchiel. 303. 38*.

F

Fabien. 95*.
Félix, gouv. romain. 49*.
Félix (saint), pape, 101*.
Félix (saint), pape. 126*. 151*.
Fête des Tabernacles. 123.
Fêtes des Expiations. 123.

G

Gabélus. 250. 256.
Gad. 66.
Galère. 110*.
Géants. 20.
Gédéon. 145 à 149.
Gélase. 155*.
Genèse. 121.
Geneviève (sainte). 157*.
Genséric. 154*.
Gervais (saint). 72*. 73*.
Gethsémani. 22.
Goliath. 209.
Gratien. 134*.
Grégoire (saint) de Nazianze. 136*. 137*.

H

Hazaël. 237. 266.
Hélène (sainte). 115*. 123*.
Hélie. 163. 164. 165. 169.
Héliodore. 326.
Hérode Agrippa. 41*. 42*. 49*.
Hérode l'Ascalonite. 351. 352. 4*.
Hilaire (saint). 136*. 140*.
Hiram. 225.

Hircan (Jean). 342. 343.
Hircan II. 347. 348. 350. 352.
Holopherne. 278. 279.

I

Ignace (saint). 54*. 64*. 65*. 66*.
Irénée (saint). 77*. 81*.
Isaac. 45. 46. 49. 54. 57.
Isaï ou Jessé. 176.
Isaïe, prophète. 270. 271. 273. 275.
Isboseth. 208.
Ismaël. 41. 46. 47. 48.
Israël. 64.
Issachar. 66.

J

Jabin. 142.
Jacob. 54 à 59. 61 à 67. 72. 84.
Jacques le Majeur (saint). 21*. 41*.
Jacques le Mineur (saint). 32*.
Jaddus. 319.
Jahel. 143.
Jaïr. 153.
Jannée. 345. 346.
Japhet. 29 à 31.
Jason. 327. 328. 329.
Jean l'Évangéliste saint). 21*. 54*. 36*. 40*. 57* à 59*.
Jean-Baptiste (saint). 1*. 11*. 18*.
Jean Chrysostome (st). 144*.
Jéhu. 237. 240. 241. 242. 261.

Jéhu, prophète. 260.
Jéhova. 122.
Jephté. 155.
Jérémie. 283. 286. 292. 293.
Jéroboam I. 127. 228. 229. 260.
Jéroboam II. 243. 245.
Jérôme (saint). 136*. 138.
Jessé. 176.
Jésus-Christ. 353. 2* à 6*. 8* à 25*.
Jéthro. 88.
Jézabel. 232. 237. 241.
Joab. 214. 215.
Joachas, roi de Juda. 284.
Joachim. 284. 287. 288.
Joachim ou Jéchonias. 288. 289.
Joas, roi d'Israël. 267.
Joas, roi de Juda. 263. 264. 265. 266.
Joatham. 267.
Job. 126. 127. 128.
Joïada. 263. 264. 265. 266.
Jonas. 243. 244.
Jonathas. 195. 201.
Jonathas Machabée. 334. 339. 340.
Joram, roi d'Israël. 240.
Joram, roi de Juda. 260.
Josabeth. 263.
Josaphat. 260.
Joseph, fils de Jacob. 66. 68 à 83.
Joseph, père de Jésus-Christ. 2*. 6*. 9*.

Josias. 280. 281. 282.
Josué. 119. 129. 131 à 137.
Josué, grand prêtre, 305.
Jubal. 16.
Jubilé. 125.
Juda. 66. 82.
Judas. 22*.
Judas Machabée. 334 à 338.
Jude Thaddée (st). 34*. 51*.
Judith. 278. 279.
Juges. 139.
Julien. 129*. 130*. 131*.
Justin (saint). 69*. 70*. 72*.

L

Laban. 58. 61. 62.
Lactance. 116*.
Lamentations. 293.
Laurent. 97*.
Lazare. 20*.
Léon (saint). 154.
Léonidas. 81*.
Lévi. 66. 86.
Lévitique. 121.
Lia. 61. 66.
Lin (saint). 54*.
Loth. 36. 37. 38. 44.
Luc (saint). 36*. 39*. 51*.
Lucius. 75*.
Lysias. 335.

M

Macédonius. 135.
Machabées (les sept). 332.
Machabée (Jean). 334.

Machabée (Judas). 334 à 338.
Machabée (Jonath.). 339. 340.
Machabée (Simon). 341.
Magdeleine. 20*.
Mages. 3*.
Mahalon. 173.
Malachie. 323.
Manahem. 245.
Manassès. 275. 276. 277. 278.
Manès. 104*.
Manué. 156.
Marc (saint). 36*. 38*. 46*.
Marc-Aurèle. 71*. 74*.
Marcel (saint). 111*.
Mardochée. 307 à 309. 311. 312.
Marianne. 352.
Marie (sainte). 2*. 6*.
Martin (st). 136*. 140*. 156*.
Matthias (saint). 34*.
Mathathias. 333.
Matthieu (st). 34*. 36*. 37*.
Mathusalem. 17. 19.
Maurice (saint). 102*.
Maxence. 111*. 114*.
Maximin. 92*.
Melchiade. 115*.
Melchisédec. 39.
Ménélas. 328.
Michol. 201.
Misaël. 294. 298.
Moïse. 85 à 90. 93 à 97. 99. 100. 101. 106. 108 à 110. 112. 113. 115. 118 à 122. 21*.
Moloch. 267.

N

Naaman. 239.
Naboth. 237.
Nabuchodonosor. 278.
Nabuchodonosor II. 287 à 292. 295 à 297.
Nachor. 51. 52.
Nadab, fils d'Aaron. 107.
Nathan. 213. 219.
Néchao. 282. 284.
Néhémie. 314. 315.
Nephtali. 66.
Néron. 52*. 53*.
Nestorius. 146*. 147*.
Nicanor. 337.
Noé. 21 à 30.
Noémi. 173. 174. 175.
Nombres (les). 121.
Novatien. 104*.

O

Obed. 176.
Ochosias, roi d'Israël. 240.
Ochosias, roi de Juda. 260. 261.
Onias III. 326. 327. 328.
Ophni. 164.
Origène. 85*. 86*. 87*. 88*.
Osée. 246. 247.
Othoniel. 140.

P

Pacôme (saint). 125*.
Pacorus. 350.
Pâque. 123.

Paul (saint). 30*. 31*. 34*. 47* à 50*. 53*.
Paul l'Ermite. 96*.
Pentateuque. 121.
Pentecôte. 199. 123.
Persécutions. 52*. 58*. 63*. 71*. 74*. 80*. 92*. 95*. 97*. 100*. 110*.
Phacée. 246.
Phacéias. 246.
Pharaon. 73. 74. 76. 77. 84. 90. 92. 94.
Pharisiens. 323. 7*.
Philippe (saint). 34*.
Phinée. 118.
Phinéès. 164.
Photin. 74*.
Phul. 245.
Pierre (saint). 19*. 21*. 27*. 32* à 34*. 42*. 43*. 45*. 47*. 53*.
Polycarpe (saint). 72*.
Pompée. 348. 349.
Proverbes. 226.
Prophètes. 231.
Protais (saint). 72*. 73*.
Psaumes. 221.
Ptolémée, pontife. 342.
Ptolémée Philadelphe. 321.
Ptolémée Philopator. 324.
Ptolémée Soter. 320.
Putiphar. 73.
Pythonisse. 206.

Q

Quadratus. 68*.

R

Rachel. 61. 66.
Raguel. 255. 256.
Raphaël. 254. 255.
Rébecca. 52. 53. 56. 58.
Remi (saint). 157*.
Roboam. 227. 260.
Roéma. 16.
Ruben. 66. 72.
Rustique. 101*.
Ruth. 172 à 176.

S

Sabbat. 5. 123.
Sacrifice perpétuel. 124.
Sadducéens. 323. 7*.
Salmanazar. 247. 249.
Salomé. 345.
Salomon. 219. 220. 222 à 226.
Samson. 156 à 162.
Samuel. 167 à 171. 194. 198.
Sanhédrin. 317.
Sapor. 132*.
Sara, femme d'Abraham. 36. 41. 42. 45. 46. 56.
Sara, fille de Raguel. 256.
Saül. 194 à 177. 199. 202 à 207.
Saul, *voy.* Paul.
Sédécias. 289. 290. 291.
Séleucus Philopator. 326.
Sellum, roi d'Israël. 245.
Sem. 29. 30. 31.
Sennachérib. 251. 272. 274.
Seth. 13.

Séphora. 88.
Sévère (Septime). 80*.
Sézac. 260.
Siméon, fils de Jacob. 66. 79.
Siméon. 8*.
Siméon (saint). 64*.
Siméon II. 324.
Simon (saint). 34*. 51*.
Simon le Magicien. 62*.
Simon le Pharisien. 20*.
Simon le Juif. 326.
Simon Machabée. 334. 341. 342.
Sixte (saint). 97*.
Sizara. 143.
Suzanne. 295.
Sylvestre (saint). 119*.
Symphorien (saint). 74*.

T

Tabernacle. 103. 104.
Tertullien. 89*. 90*. 90* *bis*.
Theglath-Phalazar. 267.
Théodose. 134*. 139*.
Théodose le Jeune. 146*.
Théophile. 128*.
Thomas (saint). 34*. 51*.
Titus. 55*.
Tobie le père. 248 à 250. 251 à 253. 257 à 259.
Tobie le fils. 254 à 257.
Tolha. 153.

Trajan. 63*.
Transfiguration. 21.
Triphon. 340.
Tubalcaïn. 16.

U

Ulpien. 83*.
Urie. 211.

V

Valens, empereur romain 133*.
Valérien. 97*.
Veilles. 142*.
Vespasien. 54. 55*.
Victor. 77*.
Vierge (la). 2*. 26*.
Vigiles. 142*.
Visions. 303.

Z

Zabulon. 66.
Zacharie, époux d'Élisabeth. 1*. 8*.
Zacharie, roi d'Israël. 245.
Zacharie, grand prêtre. 266.
Zacharie, prophète. 267.
Zachée. 20*.
Zara. 360.
Zelpha. 66.
Zénon. 151*.
Zéphyrin. 82*.
Zorobabel. 305.

FIN DE LA TABLE ALPHABÉTIQUE.

TABLE GÉOGRAPHIQUE

Nota. Les chiffres renvoient aux questions du livre; les chiffres marqués d'un astérisque, à l'*Histoire ecclésiastique*.

A

Abyssinie, contrée de l'Afrique. 128*.
Afrique, l'une des cinq parties du monde. 31. 176.
Alexandrie, ville d'Égypte en Afrique. 324. 46*. 118*. 120*. 122*. 133*.
Amalécites, peuples qui habitaient l'Idumée, dans l'ancien pays de Chanaan ou la Palestine. 144.
Ammonites, peuples qui habitaient entre le Jourdain et l'Arabie. 154. 155. 194. 260.
Amorrhéens, peuples habitant le sud de la terre de Chanaan. 116.
Antioche, ville capitale de la Syrie. 351. 32*. 46*.
Arabes, peuples de l'Arabie. 48. 260.
Arabie, contrée de l'Asie. 48. 225. 34*.
Ararat, montagne de l'Arménie en Asie. 23.
Arménie, contrée de l'Asie. 23. 34*.
Asie, l'une des cinq parties de monde. 31.
Asie Mineure, partie de l'Asie, aujourd'hui Anatolie. 34*. 76*.
Asphaltite, lac du pays de Chanaan en Palestine. 44.
Assyrie, contrée de l'Asie. 247.
Athènes, capitale de l'Attique, dans l'ancienne Grèce. 48*.
Autun, ville des Gaules dans la première Lyonnaise. 74*.
Azoth, ville du pays des Philistins, ou Palestine. 166.

B

Babylone, capitale de la Babylonie ou Chaldée (aujourd'hui Irak-Arabi). 276. 287. 289. 291.

TABLE GÉOGRAPHIQUE.

Béthel, ville de la Judée, dans la tribu de Benjamin. 59. 242.
Bethléem, ville de la Judée, dans la tribu de Juda. 174. 198. 2*. 3*. 138*.
Béthulie, ville de la Galilée dans la tribu de Zabulon, à l'ouest du lac de Tibériade. 278.
Brétagne (Grande-), aujourd'hui Angleterre, contrée de l'Europe. 75*. 76*.
Byzance, aujourd'hui Constantinople, ville de la Thrace, aujourd'hui Turquie. 135*.

C

Calvaire (Mont), montagne près de Jérusalem. 23*. 123*.
Cana, ville de la Galilée, province de la Palestine. 15*.
Capharnaüm, ville de la Galilée, sur le lac de Génésareth, à l'embouchure du Jourdain. 15*.
Cappadoce, province de l'Asie Mineure. 125*.
Carthage, ville de l'Afrique sur la mer intérieure ou Méditerranée. 89*. 93*.
Césarée, ville de la Palestine. 33*.
Chaldée, contrée de l'Asie (aujourd'hui Irak-Arabi). 36.
Chalcédoine, ville de l'Asie, sur le Bosphore de Thrace. 148*.
Chaldéens, peuple de la Chaldée. 294.
Chanaan, nom ancien de la Palestine. 36. 78. 110. 120.
Cilicie, province de l'Asie Mineure. 243.
Capitole, l'un des palais les plus remarquables de Rome. 53*.
Constantinople, capitale de la Turquie. 135*.

D

Damas, capitale de la Cœlésyrie, province de l'Asie Mineure. 237. 367. 31*.
Dan, ville de la Palestine, dans la tribu de Benjamin, sur les bords du Jourdain. 242.
Désert, partie de l'Arabie en Asie. 95.

E

Éden, ou Paradis terrestre. Tous les auteurs s'accordent à le placer en Asie, mais ils diffèrent sur la contrée ;

l'opinion la plus générale indique ce lieu vers le midi du Tigre et de l'Euphrate. 6.

Égypte, contrée d'Afrique sur la mer Méditerranée. 36. 68. 72. 73. 77. 78. 83. 90. 92. 108. 293. 5*. 76*

Élamites, peuples de l'Asie, descendants d'Élam, fils de Sem, et ancêtres des anciens Perses. 38.

Endor, ville de la Samarie en Palestine. 206.

Enochia, ville qui dut être située dans le pays de Nod, appelé depuis Susiane, en Asie. 15.

Éphèse, ville de l'Asie Mineure, dans l'Ionie. 58*. 146*. 147*.

Espagne, contrée d'Europe. 50*.

Éthiopie, contrée de l'Afrique au midi de l'Égypte. 34*.

Euphrate, fleuve d'Asie qui se jette dans le golfe Persique. 31. 307.

Europe, l'une des cinq parties du monde. 31.

F

France, contrée de l'Europe. 155*.

G

Gabaon, ville de la Judée (Palestine), dans la tribu de Benjamin. 136.

Gabès, ville du pays de Galaad. 195.

Galaad, province de la Palestine. 195.

Galilée, l'une des quatre parties principales de la Palestine. 138.

Garith, torrent. 234.

Garizim, un des monts principaux du pays de Chanaan. 135 *bis*.

Gaules, contrée de l'Europe ancienne, aujourd'hui France. 50*. 76*. 81*. 140*.

Gaza, ville de la Judée dans le pays des Philistins. 160.

Génézareth, à l'ouest du lac de ce nom. Elle était située en Galilée dans la Palestine. Le lac de Génézareth prit depuis le nom de lac de Tibériade. 19*.

Germanie, contrée de l'Europe ancienne. 76.

Gessen, province de l'Égypte en Afrique. 84.

Gomorrhe, l'une des villes de la Pentapole, située sur les bords du lac Asphaltite en Palestine. 44.

Grèce, contrée de l'Europe. 34*. 48*. 76.
Gethsémani, nom d'un lieu situé près de Jérusalem. 22*.

H

Haï, ville de la Palestine, à l'ouest de Jéricho, dans la tribu de Benjamin. 134. 135.
Haran, ville de Mésopotamie. 52.
Hébal, un des monts principaux du pays de Chanaan. 135 *bis*.
Hébron, ville de la Judée en Palestine. 208.
Hippone, ville de Numidie en Afrique. 145*.
Horeb, montagne de l'Arabie Pétrée. 89. 97. 237.
Huns, peuples qui vinrent du nord de l'Asie ravager l'Europe. 154*.

I

Iduméens, peuples qui habitaient l'Idumée, pays compris dans la province de la Palestine appelée Pérée, 267.
Indes, contrée de l'Asie. 51*. 76*. 128*.
Italie, contrée de l'Europe. 76*. 154*.

J

Janicule, montagne renfermée dans Rome. 53*.
Jébuséens, peuples de la Judée. 209.
Jéricho, ville de la Judée en Palestine à l'orient du Jourdain. 133. 239.
Jérusalem, capitale de la Palestine. 209. 266. 272. 288. 290. 314. 318 à 330. 350. 9*. 20*. 46*. 48*. 55*. 131*.
Jourdain, fleuve de la Palestine, qui se jette dans le lac Asphaltite. 37. 131. 149. 239. 11*.
Joppé, ville de la Judée en Palestine, sur la Méditerranée. 341.
Judée, province de la Palestine, entre la Méditerranée, le Jourdain et la mer Morte ou lac Asphaltite. 2*.

L

Latran, nom d'un palais de Rome bâti sur le mont Cœlius. 115*.
Lyon, ville de France. 74*. 81*.

M

Macédoine, contrée au nord de la Grèce. 34*.
Madian, ville située dans le pays des Madianites, à l'est du lac Asphaltite. 144.
Madianites, peuples qui habitaient en Asie le pays situé à l'est du lac Asphaltite. 88. 144. 150.
Mageddo, ville de Samarie en Palestine. 282.
Malte (île de), dans la Méditerranée. 50*.
Mambré, nom d'une vallée située près d'Hébron, à l'ouest du lac Asphaltite. 37.
Marcomans, peuples de la Germanie (Allemagne). 74*.
Mer Rouge, mer située entre l'Afrique et l'Arabie. 94.
Mésopotamie, contrée d'Asie située entre le Tigre et l'Euphrate, aujourd'hui le Diarbékir. 41. 51, 58. 62.
Milan, ville au nord de l'Italie. 73*. 139*.
Moabites, peuples qui habitaient en Asie près de la Pérée, à l'est du lac Asphaltite. 116. 260.
Modin, montagne située près de Jérusalem. 333.
Moria, montagne où fut bâti dans la suite le temple de Salomon. 49.

N

Nazareth, ville de la Galilée en Palestine. 6*.
Nazianze, ville de la Cappadoce, ancienne province de l'Asie Mineure. 136*. 137*.
Nébo, montagne située en Palestine dans le pays occupé par la tribu de Ruben, au nord-est du lac Asphaltite. 120.
Nephthali, nom d'une tribu des Juifs. 248.
Nicée, ville de la Bithynie, ancienne province de l'Asie Mineure. 78*. 119*.
Ninive, capitale de l'Assyrie en Asie. 243. 247.
Nil, fleuve d'Égypte. 85. 87.
Noim, ville de la Galilée en Palestine. 18*.

O

Orient, les Romains désignaient sous ce nom une grande partie des contrées de l'Asie qui leur étaient soumises. 3*. 76*.

P

Palestine, contrée de l'Asie située sur la Méditerranée, au nord de l'Arabie. 82. 325.

Paris, capitale de la France. 157*.

Parthes, peuples de l'Asie. 350.

Pathmos, petite île de la Méditerranée, près de l'Asie Mineure, 57*.

Perse, contrée de l'Asie. 34*. 51*. 76*.

Phaïom, ou Féioum, lieu situé dans l'Égypte du milieu, aux environs du lac Mœris. 125*.

Pharos, île située sur la côte d'Afrique, à l'embouchure du Nil. 322.

Philistins, peuples qui habitaient la Palestine. 154. 155. 158. 159. 161 à 163. 166. 195. 260.

Pont, ancienne contrée de l'Asie Mineure. 125*. 144*.

Pont-Euxin, mer entre l'Europe et l'Asie, aujourd'hui mer Noire. 61*.

Ptolémaïde, ville de la Galilée en Palestine. 340.

R

Reims, ville de France, en Champagne. 157*.

Rome, ville de l'Italie. 339. 349. 34*. 45*. 46*. 50*. 64*. 154*.

S

Saba, ville de l'Arabie Heureuse. 225.

Salem, ville de la Palestine. On croit que c'est la même qui fut appelée Jérusalem. 39.

Samarie, capitale de la Samarie en Palestine. 232. 236. 247.

Samarie (la), province de la Palestine. 228.

Samaritains, habitants de la Samarie en Palestine. 306.

Sarepta, ville de Phénicie, sur la Méditerranée, 234. 235.

Sardique, ville de la Mœsie. 126*.

Scythes, peuples de la Scythie, contrée située au nord de l'Asie. 34*.

Ségor, ville située au midi du lac Asphaltite. 44.

Sicéleg, ville située dans la partie sud-ouest de la Judée en Palestine. 205.

Sichem, ville de la Samarie en Palestine. 65. 67.

Sidon, ville de Phénicie. 234.
Sinaï, montagne de l'Arabie. 99. 100. 101.
Sion, montagne et forteresse de Jérusalem. 209. 210. 341.
Sodome, ville de la Palestine, située sur les bords du lac Asphaltite. 37. 38. 43. 44.
Sunamites, habitants de Sunam, ville de la tribu d'Issachar en Galilée. 239.
Syrie, province d'Asie. 237. 34*. 76*.
Syriens, peuples de la Syrie.

T

Tabenne, ville de la Thébaïde, sur le Nil. 125*.
Thébaïde, partie la plus méridionale de l'Égypte. 124*. 133*.
Thersa, ville de la Samarie en Palestine. 228.
Thessalonique, ville de la Macédoine dans la Mygdonie. 139*.
Tibre, fleuve d'Italie. 90*.
Tigre, fleuve d'Asie qui se jette dans la golfe Persique. 31. 254.
Tours, ville de France dans la Touraine. 140*.
Trèves, ville d'Allemagne dans le duché du Bas-Rhin. 121*.
Tyr, ville de la Phénicie. 225.

U

Ur, ville de la Mésopotamie, province située entre le Tigre et l'Euphrate. 36.

V

Vandales, peuples barbares qui s'établirent au nord de l'Afrique. 154*.

FIN DE LA TABLE GÉOGRAPHIQUE.

CORBEIL. — TYP. ET STÉR. DE CRETÉ.

www.ingramcontent.com/pod-product-compliance
Lightning Source LLC
Chambersburg PA
CBHW070644170426
43200CB00010B/2115